監査役の覚悟

高桑幸一＋加藤裕則［編著］

同文館出版

はじめに

東芝事件やオリンパス事件など経営者の不祥事が発生するたびに企業のガバナンスが問われ、監査役の責任はますます強化されます。しかし、監査役が張り切りすぎると、社内から疎んじられ、法律で義務付けられた最低限の情報以外は隠されるようになります。

コンプライアンスの強化という御旗の下に、さらに法制度を強化し企業の縛りをきつくすると、そんなに面倒なら非公開会社になる、という動きになりかねません。それでは企業行動を萎縮させ、日本経済がシュリンクするという最悪の事態になりかねません。監査役もコンプライアンスも、企業を永続的に存続発展させ、お客さま、社会、従業員、株主に喜ばれ続けるための仕組みであり、日本経済を萎縮させるようでは問題です。

一方で、物言う監査役、戦う監査役がマスコミで最近よく取り上げられます。

株主代表訴訟で監査役が提訴をするように要求されるとともに、監査役自身が被告となるケースもあり、安穏と「閑散役」に甘んじておられなくなっていることも背景にあるのかもしれません。

監査役制度は江戸時代の大目付から出発しているといわれますが、大目付の仕事は儀式の手順を守る事だったと聞きます。殿中の儀式というのは、なぜあんな服装でもったいぶった仕草をするのか理解できないことばかりですが、わからないながらもそれを守る事によって文化や制度が継承されていきます。そういった制度を陰で支えるのが大目付の仕事であり、決して目立つ存在ではなかったと思われます。しかし、「殿ご乱心」といった事態が発生し、殿のふるまいがお家の存続を危うくするようなことになれば、死を賭して殿に言上申し上げたとも聞きます。

監査役もコンプライアンスも、問題がなければ陰の存在である閑散役として静かに見守り、会社の一大事が発生した時には毅然とした対処を行う「天網恢恢疎にして漏らさず」という存在でありたいものです。

しかし、その兼ね合いが難しい。火急の事態においては一瞬の判断が求められ、その判断が会社を救う事にも葬る事にもなりかねません。そんな事態が発生した時に、「嫌われるのを覚悟の上で、的確な判断と行動ができるか」と自分に問えば、いささか心もとない状況です。もちろんわが社ではそういったことが起こらないと確信していますが、しかし最近の一部上場会社での不祥事事例をみると、何が起こるかわからないと心配になります。

幸いにも「物言う監査役」として2008年から2009年に果敢に行動され、その後も2013年までの裁判であるべき企業姿勢を求め続けられた、古川孝宏氏の事例を、所属していた会社の公式ホームページや古川氏が出されたホームページ「監査役の主張」、そして裁判記録などから学ぶことができます。

そんな極限の状態に置かれながらも、真摯に対処された古川氏の悩みや判断、そして行動から学ぶ事により、万が一の有事に備えていく事ができると思います。

古川氏が所属されていた会社に関する経緯は非常に特異な事象の連続です。ファンドによる株主を食い物にした企業犯罪が行われ、社長や監査役の解任が提案され、複数の裁判が起こされるなど、企業小説よりはるかに激しく厳しい動きを繰り広げています。

わが社ではこのようなことは起こり得ない、とは思うのですが、実は、どの会社でも内在している問題を極限化したものであり、有事の予防と対応を考えるためには、どの局面も大いに参考になることばかりです。

第1部では、公になっている資料を参考にするとともに、古川氏に取材し、元禄社という企業の千葉監査役の話として記述し、僭越ではありますが自分ながらの考察を加えています。このような事がどの会社においても発生しないことを祈念しますが、万が一発生した時にどう対処すべきか、ご検討いただくための参考となれば幸いです。

また、第2部からは先輩監査役や弁護士、メディアの皆さんに、コーポレート・ガバナンスに関して、現状の課題や方向性について執筆いただきました。監査をどう行って書類をどう整えるか、といった形式的な視点ではなく、リスクが現実化した時にどう行動すべきか、経営者による不正が発生した場合にどう対処すべきか、といった実質論で展開しています。

そして、第3部では、古川元監査役へのインタビューを掲載させていただきました。古川氏の本音や公表されていない情報などをあぶり出したいと考えたからです。しかし、執筆メンバーから、インタビューだけではなく古川氏自身にも原稿を執筆いただけないだろうか、という意見があり、お願いしたところ事件の経緯を整理したものでよければ、と無理なお願いをお引き受けいただくことができました。ここでは、ご本人の言葉で、これまであまり伝わっていない事件の概要に触れることができます。当時の辛い経験を思い出していただくことになってしまったことに対しお詫びするとともに、私たちのお願いを聞いていただいたことに感謝したいと思います。

本書を通していえることは、制度上の限界といった面もありますが、問題は制度よりも企業の監督者の姿勢です。本書が、そうした姿勢を糺すひとつのきっかけになってくれれば、と願うばかりです。取締役や監査役が「覚悟」をもって真摯に取り組むことによって、コーポレート・ガバナンスが向上し、企業が永続的に発展されますことを祈念しています。

執筆者を代表して
高桑　幸一

言志録51 大臣の職

大臣の職は、大綱を統《す》ぶるのみ。日間《にっかん》の瑣事《さじ》は、旧套《きゅうとう》に遵依《じゅんい》するも可なり。但《た》だ人の発《はっ》し難《がた》き口を発し、人の処し難き事を処するは、年間率《おおむ》ね数次に過ぎず。紛更労擾《ふんこうろうじょう》を須《もち》うること勿《なか》れ。

大臣の職責は、政治上の最も大切な所だけを統治すればよい。日常の細々した事は、しきたりに従って処理すればよい。ただ大臣の重んじられる所は、人の言わんとして言い得ない事を言い、人の処理に迷う難事を処理するにある。こんな事は一年に数回に過ぎない。だから平時の小事件にかかずらっていろいろかき乱したり、心を労したりしてはいけない。

※本書のはしがきと第1部では、佐藤一斎著『言志四録』（川上正光全訳注、講談社学術文庫）より、身の処し方や心構えを引用させていただいております。

佐藤一斎…幕末期、公儀の学問所「昌平黌《しょうへいこう》」の儒官（総長）

『言志四録』…『言志録』、『言志後録』、『言志晩録』、『言志耋《てつ》録』

監査役の覚悟●目次

第2部 「監査役の覚悟」を考える …… 59

第5章　監査役の法務

第3部　古川元監査役に聞く

特別寄稿 「監査役の覚悟」に寄せて

監査役の覚悟

第1部

監査役の覚悟

※第1部は、現実にあった経営者と監査役の攻防を物語風に再構成したものです。

●登場人物、会社

千葉監査役　元都市銀行に勤務。乞われて元禄社に入社し、経理部長の後、監査役に就任
山形社長　元禄社の社長、亨和證券→安政通信→元禄社
元禄社　当初ＩＴ開発会社、後に数々の投資やＭ＆Ａを仕掛ける。
安政通信　電話サービス会社、元禄社の筆頭株主となった後、倒産
応仁ファンド　安政通信倒産後に元禄社の筆頭株主となる
大正建設コンサルタント　元禄社が買収した建設コンサルタント会社
昭和会計監査事務所　元禄社の会計監査人
福島弁護士　日本監査役協会から紹介された弁護士
長野弁護士　千葉監査役が監査役としての対応を相談。数々の訴訟を起こすが、千葉監査役退任後に広島弁護士に移管
広島弁護士　長野弁護士から引き継いで千葉監査役と元禄社の裁判を担当
監査役Ａ　千葉監査役の前任者。会社運営に改善を求め、辞任。
監査役Ｂ　千葉監査役就任前からの社外監査役
監査役Ｃ　千葉監査役と同時に社外監査役に就任し、定時株主総会で辞任。
監査役Ｄ　公認会計士。千葉監査役と同時に社外監査役に就任するが、直後に辞任。
監査役Ｅ　投資顧問会社社長。定時株主総会で社外監査役に就任。

1　千葉氏入社前の状況

（1）元禄社の資金源

元禄社はジャスダック市場に上場し、Ｖｉｅｗサービスを提供していました。Ｖｉｅｗとはホームページに掲載された画像を大きくしてみることができる機能で、今でも商品紹介や地図ビューアなどいろいろなホームページで使われているようですから、元禄社には優れた商品開発力があったようです。

その元禄社は規制緩和の波に乗って格安の電話サービスを始めた安政通信の子会社となりました。

しかし、その電話サービスは採算ベースでなかったため破綻し、安政通信は民事再生法を申請するに到りました。

子会社となっていた元禄社の株価も急落しますが、応仁ファンドが底値となっている元禄社の株を買い集め、その後、元禄社の発行する50億円の第三者割当増資と１００億円の新株予約権付き転換社債の増資に応じると発表すると、元禄社の株価は急騰しました。そこで応仁ファンドは売り抜けてぼろ儲けします。

以後、応仁ファンドから元禄社に渡った１５０億円の資金を元に、元禄社は数々の投資や買収を仕掛けていくことになります。

（2）継続性の疑義

元禄社は建設コンサルタント会社である大正建設コンサルタント社を買収しました。保有しているViewの画像ビューア技術が、地図や図面上でも活かせると考え、建設コンサルタントの会社をターゲットにしたと思います。

さらに、上場REITファンド、リーマン債、長期仕組債券などを購入しました。しかし、投資や買収で収益を上げる目的は、達成しているとはまったくいえず、純資産は減少するばかりであり、有価証券報告書に「継続性の疑義」を記載する事態となりました。

「継続企業の前提」（ゴーイングコンサーン）について経営者と会計監査人が検討を行うことが、2003（平成15）年より義務づけられました。

検討対象とする事象・状況としては、債務超過等の財務指標、債務返済の困難性等の財務活動、主要取引先の喪失等の営業活動、その他巨額の損害賠償負担の可能性やブランドイメージの著しい悪化などです。

経営者は、「継続企業の前提に関する重要な疑義」を認識した場合には、その内容を財務諸表等に注記し、これらの事象・状況を解消または大幅に改善させるための対応または経営計画を策定し、監査人に説明しなければなりません。

監査人は、これらの検討も含めて監査意見を表明することとなります。東証はその内容を審査し、場合によっては上場廃止になりかねませんので、機関投資家はリスクを避けて株を売却することになるでしょう。ですから、経営者としては、何とかその注記をしなくてすむように、努力をすることになりますが、注記の削除が、粉飾や利益操作の大きな動機になることは確かです。

2 千葉氏の監査役就任

(1) 元禄社への入社

千葉氏は元々は都市銀行に勤務していました。当時銀行も証券業務を拡大する時代となり、海外証券業務を学びに享和證券上海現地法人に出向していました。そのときに、享和證券の山形氏と机を並べたのです。

その後、山形氏は享和證券から安政通信を経て元禄社の社長となります。そして、応仁ファンドから得た150億円の資金を使って中国IT企業のM&Aを進めることになりました。

山形社長はかつて上海で知り合った千葉氏が買収企業の社長に適任だと考え、元禄社に転職して中国企業の社長に就任するよう依頼します。

千葉氏は元禄社の評判および中国ビジネスの困難さから固辞しますが、山形社長から「反社勢力と戦っているが、良い会社にしていきたいのでぜひ協力してほしい」と懇願されました。千葉氏は悩んだ末、数ヵ月後に元禄社への入社を決断したのでした。

ところが、入社後、中国企業について検討するにつれ疑惑が生じてきました。最終的には、山形社長も中国案件は騙されていたということに気づいてこの案件は取り止めることになり、千葉氏は経理部長に就任することになりました。

千葉氏はなぜそんな危ない会社に入ったのでしょうか。千葉氏と山形社長は面識がありましたが、一般的に会社を選ぶときは、その会社の作った資料をみて、その会社の人に会って判断するのが普通であり、会社側からは良い説明しか受けないでしょう。ネガティブ情報は入手することが困難であり、他人に見込まれて頼まれたら、なかなか断り難いのが現実かと思われます。

入社してからでも危ない会社だと気づいた時点で辞めればよかったのではないか、といいたくなりますが、就職は結婚と同様にスイッチングコストの高い契約だと思います。結婚の直前までは結納金の倍返しですむところが、結婚という契約を交わした途端に、権利も責任も背負い込むとともに、辞めることは経歴にも深い傷が付きます。

再就職は結婚と比べるときわめて短期間に判断する必要があり、企業の内容を事前に見極めるのはきわめて難しいと考えられます。

入社したかぎりは、天命と思って人事を尽くすのが道なのでしょう。

言志耋《てつ》録82　天運と人事

大にして世運《せうん》の盛衰、小にして人事の栄辱《えいじょく》、古往今来《こおうこんらい》、皆旋転《せんてん》して移ること、猶《な》お五星の行《めぐ》るに、順《じゅん》有り、逆有り、以て太陽と相会《あいかい》するがごとし。
天運、人事は、数《すう》に同異《どうい》無し。知らざる可《べ》からざるなり。

大は時勢のめぐり合わせの盛衰、小は人間の名誉不名誉、いずれも昔から皆ぐるぐる回って移っている。
それは丁度、五星の運行が順なものがあり、逆なものがあっても、結局は太陽と相会するようなものである。天運も人事も、定めに異なることはない。この点は知っていなければならない。

（2）監査役の選任同意拒否

当時の常勤監査役Aは山形社長の高圧的な会社運営に対して改善を求めたため、山形社長は監査役Aに退任するよう執拗な恫喝を行いました。

結局、常勤監査役Aは体調を崩して辞任することになり、その後任として取締役会は元取締役を推薦しました。しかし、監査役会は常勤監査役Aの後任者に厳粛適正な監査を託したいとの思いから慎重に審査を行った結果、元取締役にはインサイダー情報漏洩の疑惑があるとして、「監査役選任同意」を拒否しました。

オリンパスや東芝において、損失隠しを主導した取締役が監査役に就任したため、監査がまったく機能しなかったばかりか隠蔽工作が進められました。誰を監査役に選任し、誰を選任してはいけないかの審査が、監査役の機能を発揮させるために一番大切です。

悪い噂があっても今の所は証拠がないから「疑わしきは罰せず」でいこう、と判断し同意するのは楽ですが、噂が本当であった場合は、会社に損害が発生しますし、噂があったのに問題はないとして同意した場合は、監査役会も任務懈怠の責任を問われかねません。

監査役という職責を考えて、煙が立っている場合は火がある可能性が高いと判断し、「業務執行者からの独立性、公正不偏の態度、に対して疑義がある」と同意しなかったのは、正しい対応だと思われます。

ただ、確たる証拠がないのに噂だけで同意しない場合は、会社側との信頼関係にヒビが入ることは避けられません。

監査役会としては、事前に監査役候補者の選定基準を定め、取締役会に通知し、基準を満たす人を推薦するよう日頃から要請しておくべきでしょう。

（3）監査役への就任

取締役会は監査役会の同意を得られる人物を社内から選出するために、1ヵ月前に経理部長に就任したばかりの千葉氏を監査役候補にすることとしました。

千葉氏は、自分は会計・法律の専門家ではないこと、元禄社の経営やコンプライアンスに対する姿勢に信頼が置けないと思い始めていたことから、監査役就任を断り続けます。

しかし本人が断っているにもかかわらず、勝手に経営会議で承認され、千葉氏本人も多くの社員から信頼され頼りにされてきたことから、「この会社の置かれた状況や経営実態からすると、困難な仕事になるだろうが、これも運命と思い職責を果たそう」と決意し、最終的に承諾しました。

千葉氏と同時に社外監査役に就任したD公認会計士は、「常勤監査役は法律・会計の専門家でなくてもよいから、監査役として真面目に取り組む人を選任すること。会社として日本監査役協会に加入し、常勤監査役にそこで勉強してもらうこと」という条件を付けて就任しました。

リスクが高いと思われる会社の監査役への就任を要請されたときに、どういった対応が考えられるのでしょうか。

① 監査役就任を断る

会社側に「業務上の必要性」があって社員に対する異動命令が出た場合は、社員側に「通常甘受すべき程度を著しく超える不利益」がなければ、拒否した者は「業務命令違反」による懲戒処分扱いとなるようです。

監査役への就任要請は役員への登用であり労働法の範疇ではありませんが、当然「業務上の必要性」があり「著しい不利益」も証明できませんので、拒否する場合は辞職するしかないと思われます。

② 監査役に就任して執行側の求めるとおり黙って判子を押す

会社にとっても監査役にとっても波風が立たず、一番楽な対処方法です。

しかし、内在していた問題が露見した場合には、会社の信用を失墜させ、監査役も任務懈怠に問われ損害賠償も求められます。

それ以上に、故意に問題を見過ごして監査報告に記載しなかった場合は、人間としての良心の呵責に苛まれ、一生悔やむ事態になりかねません。

③ 条件を付けて監査役に就任し適確に監査する

日本監査役協会への加入、監査スタッフの確保など、内部統制環境の整備を条件として了承するのがベストだと思います。

しかし監査役就任前に監査スタッフや考査部門など監査に関する経験を有している人は少なく、普通は監査役の業務内容も、日本監査役協会の存在も知らないでしょう。監査役という職種への認知度を高めていく必要があります。

3　監査妨害

(1) 社外監査役の辞任

株主総会で、千葉氏は常勤監査役に、他社経営者のC氏と公認会計士のD氏は社外監査役に承認されて就任しました。

新任監査役3人が山形社長ら役員と会合したところ、「すべての情報は出さない。日本監査役協会にも入らない」といわれました。千葉監査役が「独裁者にならぬように」等と諫めると、「御用監査役になれ」「人に相談せず黙々と1人で監査しろ」と繰り返し恫喝されました。

公認会計士である社外監査役Dは就任の条件とした日本監査役協会への加入も行われないほか、コンプライアンス軽視の姿勢をみて、「公認会計士としての公的な立場を守れない」として辞任しました。

適切な監査環境が確保できず、「監査役は取締役の職務の執行を監査する（会社法第381条）」という任務を遂行することが困難なときに、監査役はどう対処するべきなのでしょうか。

① 自己都合として辞任し、株主総会には何も報告しない

「正義感から辞任するが、違法行為の証拠もなく、会社の問題点を外にいうと会社の評判を落とすから、株主総会には報告しない」というのが大方の対処だと思います。

しかし、もし本当に違法行為があったとしてもそれを正すことができず、御用監査役が任用され、違法行為がまかり通るようになる可能性もあります。

② 監査報告書に記載した上で辞任し、その理由を株主総会で報告する

監査役が辞任した場合は、「辞任後最初に招集される株主総会に出席して、辞任した旨や理由を述べることができる」（会社法345条）ことになっています。

病気で辞任するのならともかく、年度途中で辞任するのは余程のことがあったからだと考えると、「述べることができる」権利は「述べなければならない」義務とすべきではないでしょうか。

今回のような場合には、「適正な監査環境が確保できないため辞任した」と報告することになるのかと思います。会社としては指摘された問題への対応策を株主に説明するためにも、何らかの対処を図ると表明せざるを得ないと思いますので、内部統制が少しは向上することが期待できます。

しかし、「不正の証拠もないのに監査役の権利を濫用して会社の評判を落とした上で逃げ出した」といわれかねません。

③　辞任せず、監査役の任務を全うする

「会社を守るために、経営者を正すのは監査役しかいない。ここは会社、社員、お客さま、株主のため、そして自分自身が納得のいく人生を送るため、腰を据えて対処していこう」と覚悟を決め、監査役の任務を全うします。

千葉監査役が選択した正々堂々と対処する王道ですが、経営者との対立も予想され、一番辛い道でしょう。

（2）取締役会運営の不適正

リーマンショック直後に臨時取締役会が2回開催され、4社の買収が付議されました。

その開催案内は、最初は開催日の前日、次は開催時間の1時間弱前にメールで通知されましたが、通知のタイミングが社内規定に違反しており、社外監査役が出席できない状況で開催されました。

企業買収という大事な議題なのに、事前説明はおろか、詳しい資料も稟議書もありません。

千葉監査役はかねてより買収検討企業の損益状況や時価評価についての説明を求めていましたが無視されていました。本件では企業買収のデューデリジェンスについて質問しましたが、「馬

鹿な質問をするな」と遮られ、協議なしに決議し取締役会は閉会されました。

取締役会運営の不適切、企業買収という重要案件が十分な資料の提示もなく、審査を経ずに決議されたことに対して、千葉監査役は異議を申し立てるとともに、取締役会議事録への押印を拒否しました。

「取締役会を招集するものは、取締役会の日の1週間前までに、各取締役および監査役に対してその通知を発しなければならない」(会社法368条)ことになっており、当日に案内されたという状況は明らかに法律違反になります。

また、取締役会の決議については、「取締役会の議事録を作成し、出席した取締役及び監査役はこれに署名又は記名押印しなければならない。議事録に異議をとどめない取締役は、その決議に賛成したものと推定する」(会社法369条)となっていることから、納得できない取締役会決議に対して押印しなかったのは正しい判断だと思われます。

さらに踏み込んで、「招集手続きや情報提供や審議が適切になされていない」と異議を記載すれば法律どおりの運用になったかと思いますが、事を荒立てるだけになったことでしょう。

千葉監査役は、元禄社が「継続性の疑義」の記載を削除するために、長期債券購入や会社買収において利益操作を行っているのではないか、との疑念をもっていましたが、恫喝して質問を押さえ込むというのは、疑念どおりの目的だったからなのでしょうか。

取締役会の招集方法や審議状況からしても、買収時のデューデリジェンスや取締役会における審議は適正であったのか、との疑念をもたざるを得ません。

「M&Aによって業績向上を図りたいが、企業買収の出物がなかなかないので、デューデリジェンスの結果が多少悪くても何とかなるだろう」と考えて買ったとすれば、経営判断の原則からして「事実認識に不注意な誤りがあり、または意思決定の過程が著しく不合理である」と判断され、善管注意義務違反に問われることになります。

経営者にとっては、ややリスキーと思われる判断をする場合は、まず、判断の前提として、十分な情報収集を行い、客観的に分析・検討を加えた上で、次に、弁護士等の専門家への意見聴取といった手続き的な適正さを図ることが重要でしょう。

経営判断が拙速だとすれば善管注意義務違反に問われますが、意図的に市場価値以上で買収して、差額を別の目的に流用したとすれば背任行為に当たります。

ですから、経営の意思決定が「経営判断の原則」に沿って行われたかを確認するのは、企業リスクを低減するための当然の監査行為であり、それをさせないということは怪しいと思わざるを得ません。

経営判断の原則

- ●事実認識に重要かつ不注意な誤りが無い
- ●意思決定過程が合理的である
- ●意思決定内容が法令または定款に違反していない

●意思決定内容が通常の企業経営者として明らかに不合理でない
●意思決定内容が、取締役の利益または第三者の利益でなく、会社の利益を第一に考えてなされている

言志後録２２２　財貨の運用に道あり

財を運《めぐ》らすに道有り。人を欺《あざむ》かざるに在り。人を欺かざるは、自ら欺かざるに在り。

財貨を運用するには道がある。それは人を騙さないことだ。人を騙さないという事は自分を騙さない事である。

（3）情報の非開示

元禄社では重要な経営上の意思決定は経営会議で行われていました。千葉監査役は経営会議にも参加しなければ本当の監査はできないと思い、出席させるよう求めましたが、聞き入れられませんでした。

また、監査役としてさまざまな社内書類をみようとすると、「動きが怪しい」などといわれて脅しを受け、途中からは書類のある場所に鍵をかけて書類にアクセスできないようにされました。

さらには本社から30分以上かかる子会社の大正建設コンサルタント社に追いやられ、本社書類や情報から隔離されました。

実質上の審議は経営会議や常務会などの社内会議で行われ、取締役会はその結論の是非を問うことが一般的です。そのため、不正が内在していないことを確認するためには、経営会議などの重要会議に出席して、結論に至る検討過程が経営判断の原則に則しているかを確認することは監査にとって不可欠です。

また、決算書類だけではなく、そのバックデータや経緯を調査し関係者からヒアリングしなければ、適切な監査はできません。

しかし、意図的な不正を行っていて取締役会には問題がないように隠蔽している場合は、社内会議への監査役の出席やバックデータへのアクセスを拒否するでしょう。

ですから出席や調査を拒まれるということは、何か問題があるのではないか、と疑問をもつのは当然です。そうした場合にどう対処すべきでしょうか。

①　知らぬが仏

「問題を知ってしまったら監査役としては何らかの対応をせざるを得ないので、取締役会だけに出席して公式に出された資料と議事によって監査しておけば法律的には満足する」と判断し、取締役会以外の会議には強いて出席を求めない。

と、知らぬが仏を決め込めばお互いに楽ですが、会社の重大な危機を招きかねません。

② 勝手に会議に参加し、書類も勝手に調査する

「監査役はいつでも事業の報告を求め、業務及び財産の状況の調査をすることが出来る」（会社法第381条）に基づき、会議案内が来なくても勝手に会議に参加し傍聴するとともに、書類もみる。といった対応は、監査役の権利としては法的には可能かもしれませんが、会議の開催状況がわからず、書類も隠されてしまえばどうにもなりません。それ以上に会社との意思疎通がまったく閉ざされてしまいます。

③ 法的措置による対応

会社法に基づく調査権の執行を求めて法的措置に訴えるときは、次の対応になるかと思います。

・弁護士と相談する。
・会議への参加や資料の調査について、記録に残る形で求める。
・適正な調査ができなかった案件が実施される場合は、行為の差止請求を行う。
・監査報告に「十分な調査ができなかったので適正な監査が行えなかった」と記載する。

ただし、監査報告にそう記載し、会計監査人の監査報告も承認しなかったら、証券取引所は当然上場廃止を検討するでしょう。

ですから、「そういったことになりかねませんよ」、と取締役に注意喚起し、監査に協力いただくことが肝要かと思います。

（4） 恫喝による抑え込み

山形社長は千葉監査役に情報を出さないだけでなく、意に染まない社員は社外監査役だろうと経理部長だろうと放逐するといった、とんでもない状況が続きました。

そんな状況にもかかわらず、耐えて意見をいう千葉監査役に対して、「リスクリスクとうるさい。そんなことをいっていたらこの会社の取締役はできない」「会社のリスクをさらけ出して万が一倒産したら、お前に損害賠償するから覚えとけ、自己破産しろ」などと、取締役会の席上にもかかわらず非常識で執拗な恫喝が続きました。

健全な企業経営のためには関係者との意思疎通が一番大切であり、会社法にも規定されています。恫喝して抑え込んでも関係が悪くなるだけで何の解決にもなりません。

会社法でもガバナンスの確立のために、関係箇所と十分に意思疎通を図ることを求めています。

会社法施行規則105条

監査役は、取締役および使用人と意思疎通を図り、情報の収集及び監査の環境の整備に努めなければならない。

取締役及び取締役会は、監査役の職務の執行のための必要な体制の整備に留意しなければならない。

威圧して抑え込むのは、自分に自信がもてないときや後ろめたい場合が多いように思います。日本の「和を以て貴しとなす」という素晴らしい文化は、長いものに巻かれておとなしくしていろ、という意味ではなく、「談論風発によって議論を決すべし」という意味だそうです。

17条の憲法

一に曰《いわ》く、和を以《も》って貴《とおと》しとなし、忤《さから》うこと無きを宗《むね》とせよ。人みな党あり、また達《さと》れるもの少なし。ここをもって、あるいは君父《くんぷ》に順《したが》わず、また隣里《りんり》に違《たご》う。しかれども、上《かみ》和《やわら》ぎ下《しも》睦《むつ》びて、事を論《あげつら》うに諧《かな》うときは、すなわち事理おのずから通ず。何事か成らざらん。

一に、和を何よりも大切なものとし、諍いを起こさぬ事を根本としなさい。人はグループを作りたがり、悟りきった人格者は少ない。それだから、君主や父親のいうことに従わなかったり、近隣の人たちともうまくいかない。しかし上の者も下の者も協調・親睦の気持ちをもって論議するなら、自然と物事の道理に適い、どんな事も成就する。……

(5) 内部統制体制の未構築

山形社長が金融商品取引法の内部統制報告制度に対応するため、千葉監査役に内部統制体制の構築を命じます。

千葉監査役としては、内部統制体制を監査役が構築すると自己監査になるため執行サイドが構築すべきだと主張しました。

しかし、執拗に依頼され、執行サイドはいわゆるJ-SOXにまったく理解がありません。実際のところ、他にできる人もいない、会計監査人もそれしかないというので、会社が良くなるためにと覚悟し、引き受けることにしました。

まず内部統制について学ぶことから始め、基本である42項目について評価すると、ほぼ全滅状態であり、内部統制体制の構築が喫緊の課題であると改めて認識しました。

内部統制関連書類を作成するとともに、元禄社のガバナンスが少しでも向上するように、取締役会付議基準やコンプライアンス報告規則などの規定も整備しました。

会社の実状に応じた使いやすいものにすることも考えて、1人で土日も潰し、毎夜遅くまで黙々と作業を行いました。

千葉監査役が何ヵ月にも渡り苦労して作成した社内諸規定や内部統制3点セットを山形社長にみせると、これは使えないと否定されました。代わりに市販の本から汎用事例を転記した程度の組織規定・業務分掌規定・職務権限規定をひとまとめにしたものが取締役会に上程されました。

千葉監査役は、取締役会で初めてみせられ中味を読む時間も与えられないこともありましたが、形式的で実行力の伴わない内容だとわかっていましたので、承認せず、議事録押印も拒否しました。

監査役は、会社の取締役会決議に基づいて整備される「内部統制システム」の構築・運用状況を監査し検証する立場であり、自ら構築すると自己監査になってしまいます。

ですから、千葉監査役が執行サイドに内部統制体制を構築するように求めたことは、正しい対応です。

最終的にやむにやまれず引き受けたのでしょうが、会社の実態に合わせて指針や規定類を整備し内部統制体制を構築するのは大変な苦労だったと思います。

それほど苦労して作成した提案を理由も明確にせずに否定し、汎用的な内部統制の規定を採用するということは、千葉監査役から提案された内部統制体制を実施すると、不都合なことがあるからなのかと疑わざるを得ません。

内部統制は汎用的な仕組みをベースとしても、各社の文化や規則に沿った内容に置き換えて自ら構築しなければ、実行が伴わず単なる画餅になってしまいます。

日本監査役協会は監査役監査基準に「内部統制システムに係る監査」を定め、「内部統制システムに係る監査の実施基準」にその具体的運用を定めていますが、「監査役は、企業規模、業種、業態、経営上のリスクその他会社固有の監査環境に配慮して行動することが求められる」、「これはあくまで例示であり、会社の特性等に照らして過不足なく選定すべきことはいうまでもない」との注記があり、各社の実状に合わせて見直すことが求められています。

(6) 会計監査人との連携遮断

千葉氏は、元禄社の会計監査人である昭和会計監査事務所に呼ばれて訪問し、今後の監査や内部統制について話し合いをもちました。会計士は今後の監査体制や内部統制体制の構築について、前向きに話しました。

それを知った山形社長からは、「会計監査人の所に何のために行った。余計なことを伝えるな。監査役が組まなきゃいけないのは会社であって会計士ではない」と釘をさされました。その後、会計士とのコンタクトを阻まれるようになったため、会計士とは疎遠にならざるを得なくなりました。

監査役は必ずしも会計の専門家ではありませんが、会計監査人は公認会計士として国に認められた会計のプロです。

一方、会計監査人は取締役会に出席しないため、意思決定過程における協議内容を知ることができず、調査権も違法行為差止請求権もありませんが、監査役はいずれも有しています。よって両者が連携を図り、意見交換することにより、より適正な監査ができます。

逆にいえば、経営者としては指摘されたくない事項があった場合は、両者を引き離し、情報交換させないようにすることが得策なのでしょう。

会計監査人が千葉監査役を呼んだということは、会計監査人自身も元禄社の経営管理体制に疑義をもっており、監査役と連携したかったのではないかと思います。

しかし、山形社長が監査役に釘をさしたと同様に、会計監査人にも監査役との情報交換を封じたのでしょう。

会計監査人は、法令に違反する重大な事実を認識したときは、会社法および金融商品取引法によって監査役に報告し、監査役が対処しない場合は金融庁に報告するとともに監査報告に記載する義務があります。

もしその報告を怠った場合は、法律違反に問われるとともに株主代表訴訟の対象にもなり、エンロン事件のアーサー・アンダーセンやカネボウ事件の中央青山監査法人のように、会計監査人も存亡の危機に直面します。

しかし、クライアントである企業を上場廃止、さらに倒産の危機に追い込む可能性が高いため、疑いをもっただけで報告することは許されません。

特に元禄社の昭和会計監査事務所は少人数の会計事務所ですから、元禄社の経営者に嫌われて、監査契約を解除されると、経営が立ち行かなくなる可能性もあります。

とすると、会計監査人が次の理由から、監査役との連携は形だけとし、会社の出してくる会計資料に限定して監査を行うことにとどめておこうと考えるのは自然なのかもしれません。

・企業買収や有価証券購入などに関して、デューデリジェンスの内容などを知りえず、不透明な部分も否めないが、特に不法な処理も発見していない。

・元禄社が破綻すれば、その原因を調べられ、会計監査が不十分だったと指摘される可能性があるが、過去の遺産によって純資産がまだ残っており、当面、破綻リスクはないと思われる。

・監査役との連携も、会社法上は求められているが罰則はなく、会社が破綻しないかぎり任務懈怠に問われることはない。

・会社が監査役との連携を禁止する状況において、こそこそ情報交換して、証拠もないのに指摘したりすると、監査契約を解除されかねない。

この状況に対し、監査役としては、会計監査人が職務上の義務違反または怠ったときは監査役全員の同意によって会計監査人を解任することができます（会社法３４０条）が、そこまでに至る事態でもありません。

もっとも２０１４（平成26）年の会社法改正で会計監査人の選任は会社から監査役会に移行したこと、および監査役協会と公認会計士協会が両者の連携を強く求めていることから、今後は昭和会計も監査役からの要請に応えていかざるを得なくなると期待されます。

「会計士の所に行くな、余計なことを言うな」と監査役を会計監査人から遮断するのは論外です。ましてやコーポレート・ガバナンスの担い手として、代表取締役社長を含む取締役からの独立性が求められている監査役に対して、「会社側に立て」と指示するのはとんでもない暴言です。

言志晩録161　官事は心が第一で帳簿は第二

凡《およ》そ官事《かんじ》を処《しょ》するには、宜《よろ》しく先ず心を以て簿書《ぼしょ》と為し、而して簿書又之を照らすべし。

専ら簿書に任せて以て心と為すこと勿《なか》れ。

役所の仕事を処理するには、先ず自分の心で帳簿や書類を作り、それをもって自分の心を照らすがよい。専ら帳簿や書類に任せて、これを精神としてはいけない。

(7) 日本監査役協会への個人加入

千葉氏は、同社の問題点を次第に認識しましたが、どこまでが違法であり、それにどう対処すればよいか、また監査役の重要な仕事である監査報告書をどう書けばよいか悩み、日本監査役協会に入会金5万円、年会費10万円を自己負担して、個人会員として入会しました。

『月刊監査役』を購読するとともに、研修会で学び、さらに個別相談制度を活用して紹介された福島弁護士に相談に行きました。

監査のための調査ができない状況を福島弁護士に説明すると、会社状況の酷さに驚かれ、「会社の現状からすれば雛形どおりの監査報告書に黙って押印してはいけない」と指導されるとともに、監査妨害への対応策として、

・訴えを提起する。
・辞任する。
・自分の主張や質問を書面にして会社と会計監査人に質問し、納得いく回答や対応がなければ監査報告書に会社の実態を書く。

という方法がある、とのアドバイスを受けました。

本来は監査費用として会社が負担すべき、入会金や、年会費を自己負担してまで監査役の在り方について学ぼうとされた千葉氏に敬意を表します。

監査を行うためには法律や経理の知識が必要ですが、それらの専門家ではない監査役が多いです。

監査役は取締役や部門長経験者などの社内出身監査役が多く、社内に知己は多いのですが、執行部門から監査役になった途端に社内では孤独な存在となり、社内各部門の専門家に教えてもらうのは非常に気が引けます。ですから日本監査役協会の『月刊監査役』に学んだり、研修会に参

加したりすることはとても有意義なことです。

会員が運営している監査実務部会では、実際の監査活動を通じた各社の対応について意見交換していますし、悩んでいることに対して他社における対応を教えてもらうことができます。ただ、有事に際して実務部会という公式な場で大勢の会員に相談するのは会社の秘密を公開することにもなりますので、平時から実務部会に参加して相談できる監査役や弁護士を確保しておくことが大切かと思います。

さらに専門的知識が必要なときは、ネット相談室で専門家からアドバイスをいただいたり、相談室で日本監査役協会の顧問弁護士に相談したりすることができます。

監査役に専門性が求められる昨今、日本監査役協会への加入と研修会などへの参加は監査役の職務を果たすための必須条件だと思います。

しかし、上場企業の加入率は約8割ですが、問題になることの多い新興市場に上場している企業の加入率は6割弱と低い状況です。

監査役のレベル向上のために、すべての上場会社に対し日本監査役協会への加入や研修受講を義務化するなどの措置を法制化や証券取引所が義務化するなど、監査役協会も日々問題に直面する新興市場上場会社の監査役の要請に応えるような体制作りが喫緊の課題と思われます。

（8）会社への質問と不誠実な回答

千葉監査役は日本監査役協会から紹介された福島弁護士のアドバイスを受けて、同弁護士と内容を詰めた上で、会社と会計監査人に対して質問・要請状を出しました。

しかし、会社からは次のような木で鼻をくくったような回答しか返って来ず、会計監査人からは明確な回答がありませんでした。

Q　重要事項の決定を行っている経営会議に監査役を出席させてください。

A　取締役会にはかなりの分量の資料を提出しておりますので、出席しなくて結構です。

Q　臨時取締役会の招集は1週間前までに発してください。

A　そのとおり運営しております。

Q　金融商品取引法上の内部統制体制の構築の現状と計画について説明してください。

A　取締役会にて報告いたします。

Q　企業買収や株式投資の経営意思決定に関する稟議書、売買明細、収支決算等をみせてください。買収した会社の役員を紹介ください。特に監査役とは協議する必要があります。

A　回答なし

ただ、不正を働いている人に文書で「不正の実態をありていに説明せよ」と請求しても、「ハハー、仰せのとおりでございます」と真実をすぐに吐露することは考えられません。

かつては警察の尋問でも、カツ丼を頼んで懐柔したり、拷問にかけて自白を引き出したりしたと聞きますが、今ではそういった手法は許されません。

不正実行者から自供を引き出すためには、共感的理解を示し、不安心理を極大化させ、手の内をさらさないように留意すべきといわれます。

しかし、監査役が不正に共感的理解を示してはどうしようもありません。

証拠をつかむために、取引先への調査、パソコンのデータ調査（デジタルフォレンジック）などが有効だといわれますが、千葉監査役は書類からも遠ざけられている状況ですから、そもそも調査ができる環境にありません。

ですから質問状を出したのでしょうが、疑惑はあっても証拠はつかんでない、と判断し、会社は安心して白を切りとおしたのでしょう。

ではどうすればよかったのでしょうか。

疑惑があるにもかかわらず、監査報告に「取締役の職務の執行に関する不正の行為または法令もしくは定款に違反する重大な事実は認められません」と記載するのは良心がとがめる、しかし不正の証拠はない、調査もできない、といった状況において監査役は大いに悩みます。

監査役としては「適正な監査ができなかった」と監査報告に書かざるを得ませんが、そうすると元禄社と千葉監査役のように、会社も監査役も大変なことになりますよ、だから事実をオープンにして会社を改革していきましょう、と元禄社の実例を引き合いに出して会社に迫るのが有効ではないかと思います。

そういった意味で、有事に対処した監査役の実例を収集し、不正の抑止や対応に活用することはとても大切なことだと思われます。

(9) 常勤監査役外し

元禄社の監査役会は千葉常勤監査役、千葉氏が就任する前に監査役会として社長退任要求まで出した社外監査役B、千葉氏と同時に監査役に就任し会社の不正義に憤慨していた社外監査役Cの3名で構成されていました。

監査役全員があるべき監査を行おうとする素晴らしい監査役会でしたが、山形社長の執拗な恫喝によってか、千葉氏以上に不正に対して厳しい対応を貫いてきた社外監査役の姿勢が、徐々に変わってきました。

その監査役会に対して、山形社長は質問・要請状を発信した千葉氏を常勤監査役から非常勤監査役にするよう要求しました。社内規程上では常勤監査役は全員の賛成で決定するとなっていましたが、監査役会は多数決で監査役Bを常勤に、千葉氏を非常勤とすることを決定しました。

千葉氏以上に会社の不正義に憤慨し、ともにガバナンスの向上に積極的に取り組んできた社外監査役が、千葉監査役を常勤から降ろし、問題があっても監査報告に記載しないように変わっていました。度重なる恫喝によるものかと思われますが、「人間は弱い存在だ」ということなのでしょう。

「ミルグラムの実験」という閉鎖環境における有名な心理実験があります。

新聞広告で「記憶に関する実験」への協力者が募集され、イエール大学で実験が行われた。

くじ引きで、教師と生徒に分かれ、質問が教師役から生徒役に次々と出され、生徒が間違えると、教師役は罰を与えるスイッチを入れ、生徒の身体に75ボルトから450ボルトの電圧を課すことを命じられる。

75ボルトの電圧でも、かなり衝撃が来る。

200ボルトになると、ショック死をしかねない。

さて、実験では、先生役が生徒役の苦しみをみて実験の続行を拒否しようとしたときに、白衣を着た権威のある博士らしき男が感情をまったく乱さない超然とした態度で次のように通告した。

「続行してください。この実験は、あなたに続行していただかなくては。あなたに続行していただくことが絶対に必要なのです。迷うことはありません、あなたは続けるべきです」

その結果、生徒役は電圧が高くなるごとに不快感をつぶやき、大声で苦痛を訴え、うめき声をあげ、苦悶の金切声を上げ、壁を叩いて実験中止を求め、330ボルトでは無反応になった。

それでも、62・5%の教師役は450ボルトまで罰を与え続けた。

実際には、生徒役は苦悶の演技を行ったので、怪我したり死んだ人はいないが、先生役はそのことを知らずに罰を与え続けたわけで、本当に電圧が掛かっていれば、生徒役は全員死亡しただろう。

権威者からの強い指示が繰り返されると、ほとんどの人が従ってしまいました。この実験結果からすると、私は間違ったことや恥ずべきことは絶対にしません、人を危めるなんてことは考えたこともありません、と言い切れる人はいるのでしょうか。

人は弱い。正当化されると、どんな悪事でも「必要なことなのだ」という思い込みで、人は容易に変わってしまうのではないかと思います。

だからこそ、周りに、相談できる仲間、気づかせてくれる仲間、そして果敢に行動した実例の紹介が必要なのです。

さて、常勤監査役の選定および解職は、会社法390条に基づいて監査役会が行いますが、常勤監査役と非常勤監査役はどう違うのでしょうか。

不正の発生を防止・発見するために、内部統制制度、取締役会による監督、監査役による監査、会計士による監査と、多重の制度が構築されています。

どの制度も社員による不正や間違いの発見には機能しても、経営者が意図的に不正を働いている場合は、取引先や関係会社を巻き込んで会社ぐるみで不正がなかったように会計操作されるため、決算書をみるだけでは不正取引を発見するのは困難なようです。

しかし、常勤監査役は正式に出された取締役会資料や会計伝票だけでなく、経営者の表情や会社の日頃の様子を観察し、いつもと変わった動きや隠す様子があると、確認したり現物を調べたりします。

月に一度開催される取締役会や監査役会に出席するだけの非常勤監査役と比べて、常勤監査役の調査密度は格段に高いといえます。

非常勤監査役の報酬も、常勤の5分の1から10分の1になるようです。

さらに、普通は常勤監査役が監査役会の司会を行って監査報告の作成を主導するとともに、株主総会で監査報告を説明します。

非常勤監査役は、取締役会で報告を聞き、監査役会において常勤監査役から監査結果を聞き、その内容に問題がなければ特に指摘することはありません。

ですから、常勤監査役の任務は非常勤監査役に比べて非常に重いといえます。監査の実効性を確保するためには、常勤監査役が役員の顔色や社内の空気を感じながら的確な監査を行い、問題があればまず監査役会で報告し、非常勤監査役と対応を検討することがとても重要になります。

言志録38　人相は隠る能わず

心の形《あら》わるる所は、尤《もっと》も言《げん》と色に在り。言を察して色を観れば、賢不肖《けんふしょう》、人廋《かく》す能《あた》わず。

人の心が外に現れるところは、言葉と顔色である。その人の言葉を推察して、顔色をみれば、その人が正しいかどうか分かるもので、人は決して隠すことは出来ないものだ。

(10) 監査報告書個別意見の不掲載

山形社長は、千葉監査役に対し、監査報告書に通常どおりの記載をすること、株主総会でイレギュラーな発言しないことを求め、それを受け入れずに臨時株主総会を開催することになった場合は開催費用4千万円を支払え、と恫喝してきました。また顧問弁護士からも、辞任を求める電話が来ました。

企業買収案件や多額の債券購入に対しての質問に回答されないばかりでなく、株主総会直前になっても計算書類などの監査対象書類が提示されないため、監査報告が出せる状況ではありませんでした。

そういった状況にもかかわらず、監査役会は千葉監査役を無理矢理、常勤監査役から非常勤監査役に引きずり下ろした上で、「問題はない」という監査報告を出すことを決定しました。

監査が適正にできていない状況なのに雛形どおりの監査報告とすることに対して、千葉監査役は監査報告に「取締役の職務の執行には不正な行為、法令および定款違反の重大な事実があると考えております。……」との個別意見を付記することを監査役会・取締役会に申し入れました。

しかし、監査報告に個別意見は付記されませんでした。もちろんその監査報告書に千葉監査役は押印していませんでしたが押印したことになっていました。逆に千葉監査役の解任議案が取締役会に上程・承認され、解任議案と千葉監査役の個別意見を付記していない監査報告が掲載された株主総会招集通知が株主に発送されました。

本来は監査役会で十分な協議を行って適正な監査役報告書の作成を行うべきですが、多数決により不適切と思われる結論が出されたときに、会社法は監査役単独でも行動するよう求めています。

独任制

監査役会の決議は合議制によって過半数の賛成をもって行われますが、株主総会に報告したり、取締役の行為を差し止め（会社法３８５条）たり、会社を代表して取締役を訴えたりするなどの権限行使は独任制によって、監査役会で合意されなくても単独で実施することができます。

複数の監査役で監査役会を構成し、決議は合議制としているのに、監査役の権限を独任制とし、単独での行動を是認しているのはなぜでしょう。

大目付が殿の行為を諫めるときに自分1人の命を賭して意見したように、責任は1人でとるという武士の歴史からなのでしょうか。

殿を諫める行為に対して、恐れ多いことだと反対意見が出ることは人間の本性でしょう。そういう中においても勇気ある人が1人でもいれば行動できるようにしたものなのでしょう。

監査報告付記意見

監査報告書についても、監査役会の報告と個別監査役の報告を求め、事業報告には合議制で決まった監査役会の監査報告を記載します。しかし、その内容が異なるときはその個別の意見を付記することを認めています。

もちろん監査役会の意見が一致して監査報告を記載することが望ましいのは当然です。

しかし、監査役間の意見が異なる場合は大変です。

「監査役会の決議は監査役の過半数をもって行う。」（会社法393条）となっていますので、全員の意見が一致しなくても過半数の意見で監査役会の監査報告となります。

ただ、監査役会監査報告の内容と個別監査役の監査報告の内容が異なる場合には、議事録に異議を記載する（会社法393条4項）とともに、その内容を監査役会監査報告に付記することができることになっています（会社法施行規則130条2項）。

付記意見で不正が指摘された場合、どういう結果になるのでしょうか。

・証券取引所の上場廃止基準によると、「監査報告書等において『不適正意見』または『意見の表明をしない』旨等が記載され、その影響が重大であると当取引所が認めたとき」は上場廃止の検討対象になる。

・株主は会社の対応に注目する一方で、会社に見切りを付けて株を売却する株主も多く、株価が下落する。

など、付記意見といえども、監査報告本文に記載された場合と同様です。会社としての必要な対応と結果を開示しなければ、会社の評判が大幅に低下するだけでなく、最悪の場合、上場廃止になります。

千葉監査役は監査報告に個別意見の付記を求めましたが、付記されないばかりか、「監査役としての職務を十分全うしているとはいえない」として、取締役会は千葉監査役の解任議案を承認しました。

なお、千葉氏の代わりに新任監査役候補として提案されたのは、今まで元禄社経営陣に会社買収や証券投資についてアドバイスをしていた投資顧問会社社長のE氏ですから、社外監査役に求められる独立性に欠けています。

4　株主総会での戦い

（1）監査役解任議案の差止め

千葉監査役は会社法に詳しい長野法律事務所に相談したところ、監査役解任議案の違法性を申し立てることになり、裁判所に解任議案の差止仮処分を申し立てました。

裁判所は会社側に取下げを熱心に説得したため、元禄社は監査役解任議案を取下げ、定時株主総会によって、社外監査役Eと社外監査役Fの新任が決議されるとともに、千葉監査役も監査役を継続することになりました。なお、途中で主張が変わってしまった社外監査役Cは辞任しました。

監査役解任議案の違法性

会社法339条に「役員はいつでも株主総会の決議によって解任することが出来る。」とあり、株主総会において監査役は特別決議により、解任されます。

しかし、今回の「監査役としての職務を十分全うしているとはいえないため」という理由の本音が「会社の問題点を指摘する監査報告付記意見を出そうとするから」ということでしたら、明らかに違法行為に当たると考えられ、会社もそれを認めて取り下げざるを得なかったのだと思います。

監査役の独立性

取締役と監査役は同じ船に乗って会社の健全な発展を目指していますが、馴れ合いになっては適正な監査ができません。

日本監査役協会の監査役監査基準でも、監査役候補者の選定基準として「業務執行者からの独立性が確保できるか、公正不偏の態度を保持できるか等を勘案して監査役としての適格性を慎重に検討しなければいけない」としています。

(2) 株主総会決議取消訴訟とクオカード配布による議決権事前行使の推奨

千葉監査役は法律事務所の勧めに従って、株主総会決議に瑕疵があるとして、定時株主総会決議取消訴訟を提起しました。

これに対して元禄社は、定時株主総会から7ヵ月後に臨時株主総会を開催し、取消を求められた事案および千葉監査役の解任について改めて決議を求めました。

なお、臨時株主総会の開催通知には、監査報告に千葉監査役の付記意見とそれに対する会社意見も記載されました。

会社はホームページ上で会社の合法性と千葉監査役の任務懈怠を主張するとともに、事前に議決権行使をした人に対してクオカードをプレゼントするなど、会社提案に対しての賛成票獲得に全力を挙げて取り組みました。

事前議決権行使

株主総会は議決権の過半数を有する株主が出席して成立しますが、実際にはほとんどの株主は議決権行使書面を事前に送付することによって出席に代えます。

普通は会社原案の信任投票を行う儀式で終わりますが、今回のように会社と監査役が対立しているといった会社の方向性を決する株主総会の場合は、できるだけ出席して両者の意見を直接確認して決定すべきだと思います。

クオカードの配布

株主総会は平日だから、わざわざ会社を休んで株主総会に出席するより、行使書を送付してクオカードをもらった方がよい、と株主が考えるのも致し方ないかと思います。

議決権行使書は賛否の表示のないものがほとんどだといわれますが、何も記載せずに白票として返送した場合は会社提案に賛成したものとみなされます。

ですから、今回のように、対立している議案の審議を行う株主総会に対して、クオカードを送付して議決権行使書送付を促すのは、問題ではないかと考えます。

言志録66　大利よりは小利に動かされ易し

爵禄を辞するは易く、小利に動かされざるは難し。

位や俸給を辞退することは（清廉の名を得られるから）易しい事だが、しかし、小さな利欲に動かされないことは難しい。

(3) 監査役ホームページの開設

千葉監査役は長野法律事務所の強い説得により、「監査役の主張」というホームページを立ち上げました。監査報告付記意見がより理解されるように、補足説明を行うと共に、会社による誹謗中傷がまったくの嘘であることを説明しました。

臨時株主総会の会場では経営陣や監査役会への質問や追及が相次ぎましたが、社外監査役Bと常勤監査役Eは答えられず、立ち往生したそうです。

また、そのホームページには、取締役会での山形社長の言葉が、音声ファイルとして掲載され、ネット上では大騒ぎになりました。

その音声ファイルを聞いた株主は、こんな人が社長をしているのかと驚き、とても会社を任せておけないと誰もが思ったようです。

クオカードというおまけもあり、ほとんどの株主は平日の株主総会に無理して出席しない、とすれば会社の実態をどう伝えればよいか、と悩んで、千葉監査役は「監査役の主張」というホームページ立ち上げに同意したのだと思います。

確かに、会社のホームページ上では会社提案の妥当性を説明し、千葉氏の誹謗中傷を行っていますので、対抗するためには必要であったと思われます。

ただし、ネットでは大騒ぎとなりましたが、目的とする2万人の一般株主に思いが届いたかどうかは疑問です。

裁判の証拠として録音や録画を残しておくことは有効かとは思いますが、広く公開すべきかといえば疑問が残ります。

千葉氏も会社の恥を世間にさらすことになるので随分悩み、弁護士間でもかなりの議論を経た上での実施であったとお聞きしますが、株主に実態を伝えるためにはどうすべきかは大きな課題です。

監査役に監査を委任している株主は、会社の永続的発展を願っており、会社がコンプライアンスを遵守していることは投資の大前提になります。しかし、元禄社の株主構成は、株数10株程度の個人株主が90％以上であり、機関投資家や大株主はいない状況です。

会社の長期的な発展を願うのではなく、株価の上下に一喜一憂するだけのデイトレーダーがクオカードで釣られて白票を返送するのもうなずけますが、さびしいかぎりです。

（4）総会議決の確認

監査役を解任する場合は総株主の議決権の過半数を有する株主が出席し、出席した株主が有する議決権の3分の2以上の特別決議によって決議する必要があります。

株主総会会場で千葉監査役の説明を直接聞いた大多数の株主は会社提案に反対票を投じました。しかし、事前に過半数の議決権行使書を得ていた会社サイドは、会場内の票数を数えようともせず、取消訴訟で提起された事案の決議と千葉監査役の解任が承認されたと発表しました。

株主総会後に千葉監査役の委任を新たに受けた広島法律事務所が元禄社に赴き、議決権行使書面の閲覧を請求しましたが、集計表のみが渡され、その集計表の数字も会社発表と整合しないという、疑念の残る内容でした。

株主総会の適切性を確認する方法として、検査役の選任があります。

会社法306条で、「株主総会の招集手続きおよび決議の方法を調査させるため、総会に先立ち、裁判所に対して検査役の選任を請求することができる」と規定されています。

総会検査役という制度は、紛糾が予想される株主総会において、裁判所に選任された検査役に、株主総会の招集手続きおよび決議の方法を調査させ、裁判所に報告させることにより、違法ないし不正な手続きを防止する制度であり、後の訴訟などの証拠を確保するという役割も担うようです。千葉氏は長野法律事務所に検査役の選任を提案しましたが、法律事務所は検査役の選任を行いませんでした。しかし、手続きの透明性を確保するために、選任すべきだったのではないかと思われます。

言志録148 信

信を人に取ること難《かた》し。人は口を信ぜずして躬《み》を信じ、躬《み》を信ぜずして心を信ず。斯《ここ》を以って難《かた》し。

人から信用を得ることは難しい。いくらうまい事を言っても、人は言葉を信用せず、行いを信じる。いや本当は、行いよりも心を信じる。しかし、心を人に示すことは難しいので、信用を得ることは難しい。

5 訴訟と和解

(1) 株主総会決議取消訴訟

千葉監査役は長野法律事務所の勧めに従って、定時株主総会における決議に瑕疵があるとして、「取締役・監査役選任、計算書類の承認」決議の取消を求めました。

千葉監査役は次の理由で株主総会の決議は不当だと訴えました。

●会社は監査役に対して計算書類および事業報告ならびに付属明細書を提供していない。

●取締役会は、計算書類等を承認していない。

●千葉監査役が同意していないのに、監査役会監査意見に賛同し署名押印したかのごとき虚偽の監査報告書を株主総会参考書類に添付した。

●千葉監査役が個別監査報告中で指摘した「法令違反・定款違反および著しく不当な事項」を記載しない株主総会参考書類を株主に提供した。

●株主総会において、監査役の監査報告に対して説明を求める株主の発言に対し、議長は質問に答えず、また、千葉監査役がこれに答える機会を作らなかった。

●E氏を監査役に選任する旨の決議における不当性

・E氏は会社と特別利害関係にあるにもかかわらず、そのことが株主総会参考書類に記載されておらず、逆に利害関係がない旨が記載されていた。
・千葉監査役は、E氏の監査役選任について反対の意見を有していたにもかかわらず、その意見が株主総会参考書類に記載されていない。
・E氏の監査役選任について同意する監査役会決議は存在しない。
・総会において反対の意見を陳述しようとしたところ、不当に制限された。

これに対し、会社は「原告が主張する瑕疵は存在しないか、またはきわめて軽微なものである」と主張しました。

最終的には臨時株主総会が開催され、千葉監査役は解任された結果、「原告適格を失った」という理由で、訴えは却下されました。


会社法831条により、「株主総会の決議の方法が著しく不公正なときは、株主等は訴えをもって当該決議の取消を請求することができる。」とされており、株主等とは会社法828条で株主、取締役、監査役、清算人となっていることから、監査役を解任された時点で訴える権利がなくなったのは、現状の法律上致し方ないことのようです。

1つの方法としては、千葉監査役も株主になっておけばよかったのかもしれません。しかし、それ以前に、監査役を解任された時点で違法性も問うことができなくなる法制度に問題があると思います。

しかし、会社が7ヵ月後に改めて臨時総会を開催し、千葉監査役が取消を求めた決議を改めて承認したのは、定時総会運営の瑕疵を自ら認めた結果だと考えられます。

（2）監査費用請求訴訟

千葉監査役は株主総会決議取消訴訟に伴い、長野法律事務所に払うべき弁護士報酬約3000万円を監査役の職務の執行に必要な監査費用であるとして、会社に対してその支払いを求めました。

さらに先の監査費用請求のうち、着手金として約500万円について、仮払いするよう仮処分命令を求めましたが、裁判所は、「当該金員の支払いがなければ生活ができないなどの必要性が認められない」として、訴えは却下されました。

監査費用訴訟の弁護については、臨時株主総会後に長野法律事務所から広島法律事務所へ移管されました。千葉氏と広島法律事務所は「勝訴敗訴にかかわらず訴訟を継続し、判決を得ることによって事の経緯を広く周知し、日本企業の健全な発展に貢献したい」という思いで取り組み、裁判長もぜひ判決を書いて企業ガバナンスの向上に貢献したいといわれたそうです。しかし、その裁判長は転勤になり、交代した裁判長から和解を強く説得され、提訴から3年半後に、元禄社が600万円支払うことで和解が成立しました。

会社法388条に「監査役が職務の執行について請求したときは、会社は職務の執行に必要でないことを証明した場合を除き、費用の前払いも含めて拒むことができない。」となっています。

争点は「千葉監査役の次の行動が監査活動として必要かどうか、費用は妥当か」になると思われます。

・日本監査役協会への参加、弁護士への相談、違法行為差止め訴訟
・株主総会決議取消訴訟、ホームページ「監査役の主張」の掲載
・監査役退任後の裁判、他

監査費用を請求する初めての裁判として、和解でなく、「会社法388条はきちんと機能する」という判決を出していただきたかった、と思われます。

監査費用を請求していたのは長野法律事務所です。臨時総会で負けたからといって弁護士を降りるというのは、依頼人からすると大きな裏切りですが、長野法律事務所としては敗訴の可能性や弁護士費用の内訳を明らかにするリスクなどを考慮されたのかもしれません。

広島法律事務所が、日本企業のガバナンス向上のために引き継がれたのには敬意を表しますが、長野法律事務所の協力をまったく得られないまま請求内容の詳細について証明していくのは難しかったと思います。

千葉監査役も自分に入る金でもないにもかかわらず3年半にわたって裁判を継続することは大変な負担だったろうと考えます。その意味では、和解されてよかったと思います。

仮払いの仮処分命令の請求は、会社法の趣旨としては弁護士への着手金を支払うべきという、あるべき論からの提訴だったようです。しかし、民事保全法23条2項に沿って仮処分を必要とす

る急迫の危険を認められず、却下されました。

着手金を支払うのは当たり前で、費用発生時に会社が支払うべきものであり、しかも会社法で費用の前払いを明記して認めているのに、実際に行使しようとしても、会社法以外の法律がサポートしていないため、実効性がないようです。

ただ、結審まで待てない理由がわからない、といわれたものであり、監査費用請求が不当だとするものではありません。

（3）株主総会議決権行使結果記録の証拠保全申立て

広島法律事務所は議決権行使結果の記録について証拠保全の申立てを行いましたが、裁判官は「改ざんないし廃棄のおそれは申立人の推測の域を出ず、証拠保全の決定を出すに足りる疎明として不十分である」として、申立ては却下されました。

千葉監査役は、臨時株主総会の成立および表決数に重大な疑念をもっていました。

広島弁護士たちが調査に行きましたが、何時間も待たされた挙句、調査を拒まれました。総会の成立・表決数に偽りがあれば総会日から3ヵ月以内に決議取消を提訴できますから、証拠保全を裁判所に申し立てました。しかし、裁判所は「改ざんないし廃棄のおそれは申立人の推測の域を出ず、証拠保全の決定を出すに足りる疎明として不十分である。実質的に閲覧謄写を拒絶したといっても、その理由は述べており、改ざん廃棄のおそれを直ちに示すものではないから、証拠保全の決定を出すに足りる疎明は十分でない」とされたため、取り下げざるを得ませんでした。証拠保全さえもが困難であれば、監査役として事実を究明することは大変難しくなると思います。

（4）名誉毀損訴訟

千葉監査役は、山形社長から取締役会において「お前、自己破産させて家族全員首をさらしてやる」と脅かされたり、会社のプレスリリースで「監査役として当然行うべき監査行為についてほとんど何もせず、職務懈怠を問われる状況にありました」と根拠のない内容を掲載されたり、数々の誹謗中傷を行われたことに対して、謝罪広告の掲載と損害賠償を広島法律事務所より請求しました。

双方より証拠が提出され審議された結果、裁判官より出された和解調停が成立しました。日本経済新聞に謝罪広告が掲載されるとともに、元禄社ホームページ上の誹謗中傷のある記載はすべて削除され、千葉監査役への謝罪文を掲載しました。

千葉監査役は、監査報告に「取締役の職務の執行には不正な行為、法令および定款違反の重大な事実があると考えております。……」との個別意見を付記することを監査役会・取締役会に申し入れましたが、掲載されずに株主総会が開催されました。

それに対して総会決議取消訴訟を提訴したところ、再度株主総会が開催され、そのときには個別意見が付記されましたが、決算が承認されると同時に監査役解任提案が可決されました。

そのときの解任理由は「監査役としての職務を十分全うしているとはいえないため」ということでしたが、今回の謝罪広告によると、「任務懈怠はなかった」と認めたわけですから、解任は不当だったということになります。

監査役として適切な行動を行っていたにもかかわらず「会社の問題点を指摘する監査報告付記意見を出す監査役は解任する」ということでしたら、企業の健全な発展を目的とする会社法をないがしろにするものです。

会社法が改正されるたびに監査役の権限が強化されますが、現在の権限すら行使できないようでは、法律と実態がますます乖離していく懸念があります。

この謝罪広告は、経営者と対峙してでも会社の健全な発展のために物申したことに対して、任務懈怠はなく適切に監査活動を行っていた、と裁判所が認めた結果であり、監査の在り方に関する大きな意味合いをもつものだと思います。

言志耋録148　予の意味

病を病無き時に慎《つつし》めば則《すなわ》ち病無し。患《うれ》いを患い無き日に慮《おもんばか》れば則《すなわ》ち患《うれ》い無し。是《こ》を之《こ》れ予と謂う。事に先立つの予は、則《すなわ》ち予楽《よらく》の予にて、一なり。


病気にならないように、病気にならない前から用心すれば病気にかからない。同様に心配事を心配事のないうちによく考えておけば、心配事が起こらずにすむ。このように前もって準備することを「予」という。

故に事に先立って用意する予は、楽しむ意味の予楽の予と結局は同一である。

6　孤高の監査役

千葉監査役の事例から知ることは、監査役というのは何と孤独で重い仕事なのだろうということです。仲間である同僚監査役も、頼りにすべき会計監査人や弁護士も、本当に一緒に取組んでくれるのだろうか、と心配になります。

また、法律は監査役に強い権限を付与していますが、それが本当に機能するのかどうかは疑問に感じます。

しかし、「はじめに」で触れた大目付の役目に戻ってみましょう。

監査役の目的は、裁判で戦って勝訴することではありません。

あくまで、お家の存続、つまり会社の永続的な発展のために尽くすことです。

会社があるべき道を踏み外しているときは、お家のために監査役が腹を据えて経営者に嫌なことも言わざるを得ません。千葉氏の事例も参考にして、会社も監査役もこんなに辛いことになりますよ、と警告することによって、会社に正しい道を歩んでいただければ監査役冥利に尽きるというものです。

言志録23　まず腹を据えよ

吾方《われまさ》に事を処《しょ》せんとす。必ず先《ま》ず心下《しんか》に於いて自《みずか》ら数鍼《すうしん》を下《くだ》し、然《しか》る後《のち》、事に従う。

自分は事柄を片付けるには、まず心の奥底に数本の鍼を打って充分考慮し、後に仕事に取り掛かる。

言志録63　なすべきことを避けるな

凡《およ》そ事《こと》吾《わ》が分《ぶん》の已《や》むを得《え》ざる者に於いては、当《まさ》に之を為《な》して避けざるべし。已《や》むを得《え》べくして已《や》めずば、これ則《すなわ》ち我《われ》より事《こと》を生《しょう》ぜん。

何事も自分の本分として、なすべき事は敢然と為して、避けてはいけない。しなくても良い事をやめないでした場合は、自分から問題を起こすものだ。

ブログ「新米監査役のつぶやき」管理人より

２００７年（平成19年）３月、北陸電力に衝撃が走りました。

志賀原子力発電所１号機で１９９９年に臨界事故があり、その事実を隠していたことが３月15日に発覚しました。続いて３月25日にはマグニチュード６・９の能登半島地震が志賀原子力発電所を襲いました。

私は関係会社の社長として３年目を終えようとしていましたが、急遽戻って常務取締役原子力本部副本部長として家族とともに現地に赴任し、信頼回復と耐震強化工事を担うことになりました。

耐震強化工事は電力他社やメーカーとの調整を精力的に行うことで何とか道は切り開けてきましたが、信頼回復は容易なことではできません。

自分が信頼されればよいというものではなく、原子力発電所の設備と所員が地域から信頼されなければなりませんが、度重なる重圧によって所員は打ちひしがれており、声をかけても挨拶を返すどころか顔も上げようともしない状況でした。

毎日発電所に通い、会う所員に声をかけ、馬鹿話をしたり、下手な卓球にも皆を誘い、提言箱を配置して声なき声を聞き出すようにしたりしたところ、少しずつ胸襟を開き、身の上話もしてくれるようになりました。

工事の目処も付いて、運転再開がうっすらとみえてきた頃から、発電所の雰囲気も明るく変化し、地域からもう一度のチャンスをいただいて運転を再開できたときは、全員で心から感動することができました。

私は、運転再開は北陸電力の新しい出発点であり、「安全文化の構築と隠さない風土づくり」を継続することが、自分に課せられたこれからの使命だと思っていました。

そんなとき、社長から電話がかかりました。

「今度の異動で取締役を退任して監査役になってもらう」

私は驚き、人の仕事をチェックする仕事は自分に合わないと思い、「考えさせてください」と返事しましたが、社長からは「良いポストだと思う。ぜひ受けていただきたい」と説得され、受けざるを得ませんでした。

恥ずかしい話ですが、その時点で監査役の任務の重大さを認識していなかったのです。

インターネットで検索し、『監査役になったらすぐに読む本』（同文舘出版、２００６年）という本を注文して繰り返し読み、監査役というのは大変な職責であり、会社の風土を改革し続けるためには非常に重要なポストだということがわかり、社長に感謝しました。

しかし、そのためにはあまりにも法律や会計に関する専門知識に欠けているので、日本監査役協会の研修に積極的に参加するとともに、どこでも復習できるようにインターネット上に「新米監査役のつぶやき」というブログを開設し、研修内容や監査活動に関する新聞記事と自分の思いを掲載しました。

２０１０年12月に千葉監査役が株主総会で解任された記事を読んでブログに載せたところ、彼を支援する青井監査役からメールをいただきました。

早速お２人に合って話を聞くと、企業を取り巻くステークホルダーのために、自分を捨てて経営陣と対峙してまで監査役の職責を全うしたこんなすごい人がいるのか、と感動させられました。

千葉監査役の行動は、株主総会で解任されたように成功だったとはいえませんが、それぞれの時点で悩み抜き、必要な人に相談し、最善だと判断したことを果敢に実施しておられます。

２０１２年６月には千葉監査役の行動は正しかったと認める謝罪広告が会社から出されて彼の名誉が回復し、２０１３年４月に監査費用請求訴訟が和解するまで、彼にとっては一銭の得にもならない厳しい棘の道ではありましたが、日本企業の健全な発展を希求して正しいと信じた道を歩み続けられましたことに、心から敬意を表します。

監査役は閑散役といわれるほど実際に行動しなければいけない状況は少ないですが、そうした局面において真剣に対応された行動と結果に学ぶことによって、監査役のあるべき姿がみえてくると確信しています。

激しく変化する社会環境の中にあって、監査役も守るべきものは守りつつも、環境に適応し続ける進化が求められている今日ですから。

第2部

「監査役の覚悟」を考える

第1章

新聞記者からみた監査役

調査権、取締役の違法行為の差し止め請求権、株主総会における意見陳述権……。「商法（現会社法）改正の歴史は、まさしく監査役の権限強化の歴史と重なる」（法務省幹部）というほどです。戦後、企業不祥事が起こるたび、監査役の力は強まっていきました。しかし、これはほとんど使われず、そもそも使いこなすことができませんでした。「伝家の宝刀」は抜かぬことで役に立つと思い込んでいたのかもしれません。第1部は、この権限をフルに使ったケースです。おそらく戦後で初のケースではないでしょうか。これにはマスコミも驚きました。当時広がり始めていたコーポレート・ガバナンスという言葉を真剣に考え始めました。この「戦い」から10年近くたちますが、今も企業不祥事が続きます。逆に増えているような印象さえ感じます。本章では、マスコミの目から監査役の覚悟について考えました。

1 法廷に立った監査役

オリンパスの元監査役会事務スタッフが東京地検の検事に語った内容をまとめた供述調書には、「監査役はパラパラと第三者委員会の意見書をめくって目を通しただけで、内容に踏み込んで監査役同士が議論したことはなかった。それにもかかわらず監査役会としては、この取引に違法・不正はなく、取締役に善管注意義務違反はないという結論に達していた」と記されていました。第三者委員会というのは、あずさ監査法人が監査役会に求めたいわゆる「2009年委員会」のことです。あずさ監査法人は、オリンパスが英国の医療機器メーカーの買収に要したフィナンシャル・アドバイザーに対する経費が190億円と巨額だったことを問題視しましたが、供述調書によると、この監査法人に対しても「監査役から越権行為ではないかと不満が出ていました」と書かれていました。監査役は当初からやる気がなかったようです。そもそも監査役会が立ち上げたという2009年委員会のメンバー（弁護士、会計士、元大学教授）についても、会社側が人選したことを供述していました。監査役も事務スタッフも何もしていないどころか、不正にお墨付きを与えている感が否めません。

2011年に発覚したオリンパスの損失隠しをめぐっては、計5人の監査役が、「適切な監査権限を行使しなかった」として、会社から損害賠償を求められ提訴されています。

1人は元経理部長で、訴状によると、監査役に就くまでの36年間、大半を経理部で過ごしたそうです。当時、オリンパスで資産の運用を担っていたのはこの経理部でした。2011年に問題が発覚したときの監査役で逮捕・起訴された元副社長の先輩にあたるそうで、原告の会社側は「経理部長から監査役に就任したとき、資産運用の含み損と損失分離スキームの構築を認識していたことは明らか」と指摘しています。

あとの4人はあずさ監査法人が損失隠しの一端を指摘したときの監査役で、損失隠しそのものは知らなかったという前提です。それでも、疑惑の解明に努力せず、取締役に対し、説明や調査を求めることをしてこなかったことが善管注意義務違反にあたると訴えられました。

これらの訴えに対し、元経理部長の監査役は「資産運用に関与してこなかった。報告を受けたこともない」「誠実に、かつ厳しく監査役の業務を果たしてきた」などと請求棄却を求めています。あとの4人も同様で、「監査役に対し、取締役が経営判断原則に反しているか否かを正確に判断することを求めることは間違い」「取締役には経営執行会議において資料が事前にわたされるが、監査役には取締役会の当日に配布されるのみ」などと反論し、損害についても「損失分離スキームの解消行為によって支出以上の環流を受けており、賠償請求することはできない」と主張しています。

原告は、損害について経理部長だった元監査役に対しては手数料や金利などで37億円と算出し、このうち5億円を請求しています。4人に対しては、損害が46億円でこちらは連帯して5億円の支払いを求めています。訴訟は2012年1月に始まりました。

2016年3月24日に東京地裁であったオリンパスの取締役と監査役に対する損害賠償訴訟の

口頭弁論を傍聴しました。傍聴席からみると、正面に3人の裁判官、左側の原告席と右側の被告席にはそれぞれ約20人の弁護士が陣取っていました。大型訴訟でものものしい雰囲気です。原告のうち3人の代表が前面の机に座っています。取締役を提訴したオリンパスの監査役の代理人、株主として訴訟に参加している株主の権利弁護団、監査役を提訴した同社の取締役の代理人です。対する被告は取締役23人、監査役5人が対象で、その代理人たちが窮屈そうに並んでいます。

「では始めましょう」と大竹昭彦裁判長が告げ、準備書面提出について、原告・被告とやりとりをした後、「責任論について主張がかみ合ってきましたね。争点整理は終盤に近づいてきますね」と述べました。日程調整を含め、弁論自体は30分で終わりました。年内にも証人尋問に入る見通しです。この日、粉飾決算に直接関与しなかった13人の取締役と和解したほか、5月12日にも損失隠しを知らなかった4人の監査役と和解しました。

オリンパスの件では3年ほど前の2013年4月23日午後にも、私は東京地方裁判所の傍聴席にいました。こちらは刑事裁判でした。金融商品取引法違反などの罪で起訴された元首脳の3人に対する刑事裁判が行われ、マスコミの多くは、解任されたマイケル・ウッドフォードとの確執などもあり、菊川剛元社長の言動に注目していました。しかし、私の関心はちょっと違いました。副社長も務めた山田秀雄元監査役です。

山田元監査役は、この事件が大きく動き出した2011年の6月に監査役に就いたばかりでした。事件は、雑誌『FACTA』のスクープ記事として発覚しました。その後、テレビや新聞では「山田元監査役」と呼び続けました。これを見聞きし、「監査役制度の終わりの始まりか」と感じたことを覚えています。乱暴な言い方ですが、まさしく警察官だと思っていた人が実は泥棒だったという印象でした。

法廷で山田元監査役は、当時の経営トップに何度も損失の公表を進言したことを強調しました。時に良心の呵責にさいなまれ、「死んで楽になりたい」とオートバイで民家の壁にぶつかって自殺を試みたことも弁護側から明らかにされました。それでも検察側は「一連の粉飾決算の実行にあたって中心的な役割を果たしてきた」と断じました。

3人は罪を認め、執行猶予付きの有罪判決を受けました。監査役としての山田氏の役割について、裁判では争点にはなりませんでしたが、当時のオリンパスの広報関係者が「山田さんは財務部門が長く、社内ではすごい力のある人だった。おそらく、損失隠しを続けるため、あえて監査役に就いたのでは」といっていました。実際、山田元監査役の就任前は、取締役になったことがない元執行役員とグループ会社社長だった人が務めており、元副社長の就任は社内で異例の人事と受け止められたようです。

この事件に絡み、ウッドフォード元社長に宿泊先のパークハイアット（新宿）でインタビューしたことがあります。彼は日本の監査役制度について「信用できない。まだ外部監査の方がいい」といっていました。

2 建前と実態の乖離

私が監査役制度に興味をもったのは、2000年ごろのことです。朝日新聞に入社し、地方支局から東京の経済部で働き始めたのが1999年春です。最初の担当が通商産業省（現・経済産業省）で、当時、法務省と通産省などで商法改正が議論され、委員会等設置会社に向けた議論が動き出していました。たまたま私が商法改正を受け持つことになりました。

地方支局では行政と警察ばかりやっていましたので、経済や会社のことはまったく知らず、勉強のため、経済評論家の奥村宏さんの著作物を読みました。奥村氏は、株式の持ち合いや形骸化する株主総会を問題視し、暴走するシステムが内包された会社（法人）に警鐘を鳴らし続けた人です。「会社は寝なくていい。ご飯を食べなくてもいい。人間ではないんだ」と指摘し、会社や巨大組織というものを市民や社会がコントロールしなければいけないことを訴えています。また、企業法務を専門とする弁護士でもある作家の牛島信氏の一連の企業小説とエッセイも非常に役に立ちました。牛島氏は「企業は雇用を提供し、雇用によって人々の自尊心が生まれる」といいます。まさしく企業は現代社会そのものです。その中で人々の自尊心を維持するために欠かせないのがコーポレート・ガバナンスであり、監査役です。この2人の著書との出会いが、株式会社や監査役を考える基礎となったような気がします。

その中で、当時注目されていた社外取締役以外にも、監査役制度のことが気になりました。社外取締役はいわば「お客様」です。セブン&アイ・ホールディングスで会長が退任（２０１６年5月）したように、いざというときに大きな役割を果たすこともありますが、基本的に社内の実情は知りません。でも、監査役は違います。社内の不正やおかしいところを追及し、是正できる存在です。社長のお目付け役であり、企業内民主主義の番人でもあるような気がしました。その役割を知るにつれ、「この人たちはいったい何をしているのだろうか」という疑問もわいてきます。建前と実態が乖離しているのではないかとも感じました。

ただ、監査役について本格的に記事を書き始めたのは、２００７年4月に大阪本社経済部員になってからです。

この年の10月26日朝、私は大阪市中心部の大型ビルに向かっていました。税法の著作もある70代前半の著名な税理士の事務所に行くためです。この税理士は、経営危機が取りざたされていた英会話大手ＮＯＶＡの社外監査役でした。ちょうど居合わせた税理士は快く部屋に入れてくれました。

実はＮＯＶＡは、この前日の夜に取締役会を開いて会社更生法の申請を決めていました。創業者でカリスマ経営者だった社長について聞くと、「あの人がつくり上げた会社で、だれもきちっとものをいえなかった」と話してくれました。当時、ＮＯＶＡは生徒たちの授業料の返還をめぐってトラブルになり、行政当局から勧告を受けていました。税理士は「会社として段階的に応じてそれなりに対応していた。なので、監査役としては特にいわなかった」と説明しました。この税理士によると、常勤の監査役は執行部門の役員のように働いていたそうです。残念ながら、法が想定した監査役制度は機能していなかったという印象です。

このほか、当時、関西では、架空取引が表面化した冷凍食品の加ト吉や、消費期限を偽装した赤福の問題が起きていました。両社とも税理士が社外監査役でした。税理士事務所などを取材すると、「体調を崩して長らく入院している」「新聞で不祥事を初めて知った。税のチェックが仕事で、工場などみたことがない」といった証言が得られました。私は「こんなものかな〜」と思うしかありませんでした。

3 モノいう人々

NOVAの倒産劇から1ヵ月後の11月27日、大阪市で開催された日本監査役協会の全国会議で、10月に会長に就いたばかりの関哲夫・新日本製鐵監査役（当時）は異例のあいさつをしました。関会長は、「責任が取れる監査、目に見える監査」という言葉を何度か使い、「監査役が監査基準などにのっとって監査を実践していることを社内はもとより、株主や社会に知らしめることが重要。活動の開示、監査報告の仕方を考えたい」と訴えかけました。その上で、「倫理とか、能力の一段のレベルアップが必要。研修制度の体系化をはかり、監査役としての資質、能力を有していること示すため、これはアイディア段階だが、これを監査役協会が認定することを前提に協会内でプロジェクトチームをつくりたい」と訴えました。つまり、監査役に一定の資格や等級を付けるというのです。問題意識満載の演説でした。私は、監査役協会が動き始めたと感じました。関氏はわずか1年で商工中金の社長に転出しましたが、それでも有識者懇談会を立ち上げ、2010年に出された報告書では、会計監査人との関係など数多くの課題を明示し、その後の会社法改正につながったと思います。

当時、監査役制度に対する批判が高まっていました。特に、2009年6月に金融庁の金融審議会金融分科会のスタディグループがまとめた「上場会社等のコーポレート・ガバナンスの強化に向けて」はしんらつでした。「監査役については、監査の実効性が不足している、社外監査役の独立性が低い、財務・会計に関する専門的知見が不足しているケースがあるといった指摘がなされており、現状、必ずしも株主・投資者の期待に応えることのできる存在とはなっていない」と、中庸を保つ政府機関の文章にしては、相当踏み込んでいます。

これに対して監査役協会は論陣を張ります。最高顧問の笹尾慶蔵・日本監査役協会元会長は、「『監査役無機能論』について考える」という論考を2009年7月号の『月刊監査役』で発表しています。その中で「取締役と対立して権限を行使するのはあくまで異常事態であって、本来の監査役の姿ではない」などと論じました。そして、日常の監査活動が外からは見えにくいことや、その成果も公表されないことを訴え、「監査役制度は日本の文化にマッチした企業制度である」と結んでいます。

この2009年は、監査役制度のさまざまな側面がみえた年でした。

その中で、会社と真っ向から対立する、当時監査役だった古川孝宏氏に驚きました。

古川氏は、株主総会での意見陳述、取締役の違法行為の差し止め請求、費用訴訟と監査役のあらゆる権利を行使しました。牛島氏の小説が現実に起きたような感覚でした。これまで幾千の幾万の監査役がいたのでしょうが、ほとんど使われてこなかった機能です。なぜ使われてこなかったのか。それはおそらく、監査役がサラリーマンのポストの1つだったからなのかもしれません。監査役が本気になれば、当然、経営者も本気で対抗してきます。幹部社員の多くは経営者側につくと思います。人間は孤立や無視されることにきわめて弱い存在です。古川氏がとった行動は、その是非は別にしても、さびついて壊れそうになっていた監査役制度を動かし、再生させようとする行為にも思えました。

このころ、古川氏のほか、ポンプメーカーの荏原製作所でも、社外監査役が会社幹部による取引先への不正支出について追加調査を求めて対立しました。「権力闘争」との見方も出ていましたが、この社外監査役も強烈な孤独感を味わい、円満とはいえない形で会社を離れています。電気制御機器のメーカー春日電機でも、会計監査人からの指摘をもとに監査役が取締役の違法行為の差し止め請求権を使っています。

この3社について、2009年4月20日付で、「戦い始めた監査役」とタイトルで大型の記事にしました。ちょうど、同じ日、『日本経済新聞』でもこの3社を取り上げて「監査役　相次ぐ権限行使」（法務インサイド）と大型の記事にました。たくさんの監査役の人たちから「しめし合わしたのですね」といわれしました。もちろん打ち合わせはしていません。偶然でした。でも、おかしいことをおかしいという監査役がいたから記事ができたわけで、そういう意味では必然だったのかもしれません。

4 記者と監査役の役割

日本監査役協会職員の新井義洋さんから、『財政経済弘報』という古い新聞の存在を教えてもらいました。１９７３年（昭和48年）３月26日付の記事には、松岡和生明治学院大学教授が「監査役制度改正法案の見方―『不信論』との関連において」という記事を書いています。山陽特殊製鋼の粉飾決算を発端に商法改正の機運が高まり、監査役に業務監査と、取締役の違法行為の差止請求権を与えようとする動きについて解説し、その中で「監査役制度については不信論が根強く慢性化している」と記しています。さらに取締役会との関係が明確ではなく、結局は無理のある制度であることを指摘し、「合理性が認められず、無用の制度であるならばはっきりこれを捨て去った方がいい」とまで書いています。

それから半世紀近く。松岡教授が抱いた懸念は今も払拭しきれていないと思いますが、ここにきて、ようやく改革に向けた動きが本格化しています。２０１１年に日本監査役協会は監査役の理念を制定したほか、２０１５年７月には監査基準を改定し、「監査役は、取締役会と協働して監督機能の一翼を担い」と入れました。これは一歩踏み込んだと思います。しかし一部から「監督機能は監査役の役割ではない」という声が出たそうです。

これは私の夢ですが、不祥事があった会社が記者会見し、社長と監査役が並んで陳謝して頭を下げる光景を見てみたいと思っています。監査役が隣にいた方が社長の発言や行動に対し、確実に正統性が高まります。会社法上では、監査役は社長と同格かそれ以上なのです。２０１１年５月に日本監査役協会の会長に就いた、太田順司氏は監査役の選任権を監査役自身に与えることを今後の課題として挙げています（『商事法務』２０１３年９月15日号）。次の会社法の改正時には実現してほしいと思います。

監査役と新聞記者とは似ていると思います。監査役は会社のどこにでも行けます。記者も社会のあちこちに行こうとします。いざとなれば、けむたがられながらも正しいこと、本当のことを追い求めなければいけません。環境もそっくりです。ネットの発展によって新聞は部数を減らし、さらに既得権益を放さない集団の１つとみられて「マスゴミ」といわれます。紙媒体の新聞社については、その存亡を危ぶむ声すらあります。ある大手企業の役員が講演で、新聞社を「ロンリー・ダイナソー（孤独な恐竜）」と評していました。私がいうのも変な話ですが、なかなか言い得て妙だと思いました。監査等委員会設置会社の登場で、監査役制度も将来、どうなるかわかりません。

奥村宏氏は大企業を「現代の怪獣」と評し、旧約聖書に出てくるリヴァイアサンやビヒモスだと指摘しています。東芝や三菱自動車の度重なる不正をみていると、組織はときに制御しきれない怪獣に変化します。冒頭で記したオリンパスの元監査役事務スタッフは、その後幹部となり「社会の貢献、お客様の幸せの追求に対し強い使命感・責任感を持ち……」とホームページで呼びかけていることに驚きました。

怪獣と戦うには恐竜を飼っておくことも1つの手かもしれません。新聞記者のことを「民主主義の番犬」ともいいますが、これを聞くと私などはうれしくなります。恐竜でも犬でもかまいません。社会や国民に飼われ続けなければなりません。監査役も同じです。株主から信任を得なければ生き残れません。

日本監査役協会が2011年9月に制定した「監査役の理念」の中に、監査役の行動指針としてこんな一節があります。「…判断の根拠を広く社会に求めるとともに、現場に立脚した正しい情報に基づき……」。記者も監査役も、同じ「覚悟」を持っているのです。

第2章

新興企業監査役の葛藤

千葉監査役の元禄社での体験について、皆様はきわめて特殊なケースと思われますか？あのような非常識な社長は例外的なのでしょうか？

自身の体験に照らすと、千葉氏の体験は決して例外的とは思われないのです。日本の新興企業経営者に、しばしばみられるコンプライアンス無視、公器である会社の私物化に対して、監査役として暗澹たる思いでおりました。千葉監査役の体験は決して他人事とは思われないのです。本章は、長年新興企業で監査役を経験した者しか語れないことがあるのではと思い、他章と少し視点の異なる内容としています。体験した新興企業の実態をエピソードとして紹介し、そうした現実に対峙しなければならない監査役の葛藤と、私流の対応策、さらにハードルは高いと思われますが、制度的な改革の必要性について提言したいと思います。

1 新興上場企業の問題点

新興企業に共通する問題点を類型化してみると、次のように分けられると思います。以下実体験をエピソード化して説明していきます。

(1) 会社の私物化（公私混同）

元々、すべての会社はオーナーの起業から始まり、スタートしたばかりの会社は個人商店です。その中で事業拡大に成功し、上場にまでもっていけた経営者は、私のみるところ、事業欲の強い個性強烈な方々ばかりでした。個性の強い方であったがゆえに、凡人では思いも付かない斬新なビジネスを考え、あえてリスクをとり、事業に対し強い執念を持ち続けることができたのだと思います。

問題は首尾よく上場を果たした後に生じます。本来は上場後「公器」となるべき会社が、再び「私物化」されてしまう傾向がみられることです。そのため、上場時に一度は整備されていた内部統制が、ご用済みだということで打ち捨てられてしまったり、無効化されてしまうことが多いのです。

【エピソード1】

A社での話。私の監査役就任が内定してお祝いの懇親会の場でした。自己紹介の挨拶を終えた後、社長の話「青井さん、今後とも宜しくお願いします。青井さんのような素晴らしい方に来ていただいて本当に光栄です。ただ一言申し上げますと、わが社は上場企業ですけれど個人商店ですからね。これだけは忘れないでくださいね。過去、勘違いして監査役になった方がいまして大騒ぎになりました」

上場企業だけど個人商店？　どういうこと？　先が思いやられました。

【エピソード2】

A社には特別な秘密がありました。それは経理部長が社長の元・愛人であったことです。彼女は創業時から経理を担当しており、いつの頃か社長が手を出したようです。社長は会社の金を他の人間には一切手を触れさせず、1人絶大な信頼を寄せていた彼女に処理させていました。常々社長は「男は信用できないが女は裏切らない」と話していました。そういう信頼があったからか、時に彼女は女帝のように振舞うことがありました。彼女の機嫌を損じた社員は社長に直訴してでも退職に追い込む、そんなことも何回かあったのです。

【エピソード3】

B社は社長の誕生日に、社員全員で感謝の気持ちを込めてプレゼントをする習慣がありました。

ある年は誰の発案か、社員が総出で自宅マンションの前庭で人文字によるお祝いをしようということになり、全員が就業時間中に社長の住む高層マンションの下に集まり、各々が1メートル四方の型紙をもって前庭に集まりました。

人文字は社長の住む最上階から眺めると、ちょうど社長の似顔絵にみえるようで、社長はきわめてご満悦だったと聞きました。

微笑ましいというか、なんだかどこかの国のような世界ですね。こうしたマスゲームに参加しないと、どうなるのか。同調性を強要する会社ですから、明日からは仲間はずれになることでしょう。別に違法ではないのですが、上場しているけれど個人商店というのはA社もB社も同じです。

（2）異論に対して不寛容な体質

異質なことや異論に対して寛容でないという体質はベンチャー企業に限らず、程度の差こそあれムラ社会である日本企業全般にいえることかもしれません。なにしろ社外取締役を実質的に義務化する会社法改正だけでも大騒ぎする国ですから。特にベンチャー企業の場合、社長は唯我独尊の状態であり、その中で異を唱えると千葉監査役のように暴力的に排除されることもあります。

【エピソード4】

B社の取締役会は朝9時から始まります。ただ社長は低血圧のせいか、夜遊びのせいかわかりませんが、朝がとても弱く、寝坊することが時々ありました。ときには愛人の家に泊まったためでしょうか会社には来られず、社長のために取締役会が電話会議となることもありました。

ある日の取締役会で、社長が特に思い入れのあった就業規則の改訂案が提案されました。当然、全員賛成してくれると思い込んでいたようです。ただ私からみると、この提案は従業員にとって不利益変更に該当する可能性があるため、私と非常勤監査役の弁護士があえて異論を述べました。

そうしたら突然社長はキレたような表情で私を睨みつけ、「この野郎、馬鹿じゃねえの、おめぇ頭固いんだよ」と罵声を浴びせてきました。弁護士に対しても「あんたのおかげで朝から気分が悪くなったよ」と毒づきました。他の役員は、ひたすら沈黙しておりました。こんなことが取締役会で何度かありました。

元禄社だけが非常識な会社ではないのです。新興企業の取締役会で異論を述べることは、仲良しクラブの和を乱すことになり、オーナー社長や取り巻きの役員たちから時に罵詈雑言を浴びることを覚悟しなくてはいけません。上場会社とはいえ、取締役会がまったく体をなしていないのです。取締役会がトップのご意向を追認するだけの場に過ぎない新興企業は結構多いかもしれません。

（3）ハラスメント風土

「社内の常識が世間の非常識」では困りますね。残念ながら一部の新興企業の実態は、「世の中の非常識」がまかり通っているように思えます。

前述のようなオーナー社長の強烈な個性の負の面が、世間の常識や倫理観、社会正義といったものを疎んじるようになれば、企業はとんでもない状況になってしまいます。

【エピソード5】

C社社長の場合は文字どおりの暴力、体罰がお好きな方でした。

ある営業課長は態度が悪いということで、硬いバインダーで思いっきり何度も殴られていました。灰皿を投げられて額から血を出して社長室から出てくる幹部もいました。ただ何といっても極めつけは、私の目の前で起こった暴力沙汰でした。

社長のお姉さんが同社の会長でして、姉弟2人が代表取締役を務めていました。ある日、社長と私が社長室で、辞任した管理部長の後継人事の相談をしていたときでした。

会長がいきなり社長室に乱入し、管理部長をなぜ辞めさせたのかと怒り出しました。社長が説明しようとする間もなく、会長は社長の茶碗を投げ飛ばし、胸元を掴みネクタイを引きちぎりました。後は大乱闘です。文字どおりの取っ組み合いでした。

私は目の前で起きている修羅場が理解できず、ただ茫然としていました。上場会社の社長室で、社長と会長が、監査役である私の前で大乱闘を演じている光景を想像できますか？　それは白昼の悪夢のようであり信じられない出来事でした。

【エピソード6】

現代の「蟹工船」というしかないD社という会社がありました。私は、このD社で「事件簿」を付けていました。なぜかというと、社内で毎週のように何か事件が起こっていたからです。

現役店長による売上金の窃盗、通勤電車内で痴漢により現行犯逮捕された社員、アルバイトの女子高生と店長との不倫淫行、社員とアルバイト女性との間のダブル不倫、ストレスの溜まったアルバイトによる店舗放火事件、過労による現役社員の突然死、未払い残業代に業を煮やした退職社員による労働基準監督署への直訴など、本当にこれでもかとばかり事件が多発していました。幸いなことに、殺人事件だけは起こらなかったようです。

サービス残業なんてなんのその、「外食産業なんてまともに残業代を払っていたら、どこも赤字だよ」と人事部長は常々豪語していました。また、社長は常々、社員を懲らしめるためには「兵糧攻めが一番だ」と主張し、成績の振るわない社員、ミスをした社員など皆の前で吊るし上げ、直ちに減給処分を申し渡していました。

このようなハラスメント風土の中で精神が蝕まれていたのでしょうか、通常の会社ではあり得ない事件が多発していたのです。これはもう現代の「蟹工船」の世界であり、搾取以外の何物でもないと思いました。ある古参女性社員は、はき捨てるように私にいいました。

「青井監査役、この会社は若者ばかりか中高齢者もボロ雑巾のように使い捨てているのです。みんな他に行き場がないから、我慢して、ここにいるだけなのです」

大企業では起こり得ない異次元の問題が多発しています。これもまた新興企業の現実です。

（4）幹部社員の頻繁な入替わり

このようなハラスメント風土、個人商店特有の陰湿な空気に嫌気がさすためでしょうか、新興企業では社員が頻繁に退職し、定着率がきわめて低いことに特徴があります。幹部社員、優秀な社員、市場価値が高い社員ほど早々と見切りを付けて去っていくようです。次に入ってくる社員も同じように短期で辞めていく人が後を絶ちません。社員ばかりか、A社では私の2代前の常勤監査役が1週間ほどで突然辞任されたようです。噂によると、社長室で社長に対して正論を堂々と主張されたことが原因のようでした。その監査役氏はA社の内部統制上の問題点、労務、人事など問題が山積しており、社長に対して早急な改善を促したらしいのですが、社長の逆鱗に触れたのでしょう。1時間ほど社長から罵詈雑言を浴びて、社長室から監査役が退出したときは血相が変わっていたという話です。その監査役は翌日から出社せず、後日、辞表が送られてきたとのことです。

【エピソード7】

C社の場合、「上場仕掛け人」というべき一群の幹部社員がいました。彼らは上場前に高額給与で雇われ、東証提出の申請書類作成、規程の整備、主幹事証券、監査法人との折衝など、相当ハードな仕事をこなしていた有能な人たちですが、上場後は早々と去っていきました。その後入社した幹部のレベルは低下する傾向にあり、そうした幹部もまた、個人商店独特の陰湿な雰囲気、経営者のパワハラに嫌気をさして短期間で退職する者が後を絶たず、管理本部はいつも人の出入りが激しくガタガタしていました。「人材が居つかないこと」はベンチャー企業ではしばしば見受けられることです。

2 上場ベンチャー問題の本質—ガバナンスの二重構造—

1. 上記のエピソードについて、そんな酷い会社はあり得ないだろう、お前のいた会社はたまたま底辺の上場企業であり、最悪の事例を引いただけだろうといわれるかもしれません。確かに私が勤務した会社5社は、いずれも上場はしていましたが小体な新興企業でした。ただし業種はすべて異なり、私への紹介ルートもまったく別でした。

つまり、たまたまランダムに入社した5社すべてで、私は監査役として同じような過酷体験をしたことになり、こうした問題が特殊なケースではなく新興上場企業の平均値に近い問題ではないかと思います。

2. 私が本章を書きたいと思った理由は、大手企業の監査役では思いも及ばない新興上場企業経営者の救い難い独善ぶり、無法ぶり、そうした経営者の下で私物化されている企業の実態がほとんど知られずにいること、またそうした会社で監査役であることの苦悩について語られずにいることが、問題を先送りし、悪化させるだけだと確信しているからです。

日本経済のいわゆる「二重構造論」が、昭和30年代に有沢広巳氏により唱えられました。日本の経済構造は欧米と異なり単一ではなく、近代的で先進的な分野と未だ近代化していない遅れた分野に分かれ、この両分野の間に実はかなり大きな断層があるという議論でした。

日本企業は、ガバナンスの面でも二重構造が大手企業と新興企業の間に横たわっているのではないかと思っています。新興企業の場合、経営者の無理解と貧弱な監査リソースの中で大きな問題が潜在化しており、将来的な不祥事発生のリスク要因となっているのではないか、この問題について、幹事証券会社や監査法人、証券取引所などは、大人の対応という営業至上主義の下で、見て見ぬふりしているのではないかと思います。私は元禄社のケースも、氷山の一角に過ぎないのではないかと思います。

3．新興企業の悩める監査役に対して、独任制があるではないか、なぜ無法な経営者を告発しないのか、否、監査報告書に無法な状況を書けばよいだけではないかと非難する声が聞こえてきそうです。
こうした真っ当なご指摘は新興企業の内情をご存じない方々だと思います。会社法に従い、また独任制の趣旨に則って、「取締役の行為差止め」（会社法385条）等の行動を促すことは、監査役に対して（例えが適切ではないかもしれませんが）、「自爆テロ」を強制するようなものだと思います。

ある起業コンサルタントは、監査役の独任制を抑止力としての「核兵器」に例えていました。実際に使用すれば自他ともに滅ぼしてしまう最終兵器であり、使用できないのであれば「張子の虎」なのです。私は会社法の監査役権限は「張子の虎」ではないかと疑っています。

千葉監査役のように権限行使をしたら、孤立無援の戦いを強いられるだけでなく、最終的には法律事務所にも裏切られ、結果として個人に大きな犠牲を強いられることになりました。そうした勇気ある監査役が戦い敗れて会社を去った後は、文字どおりの「御用監査役」が登場しただけであり、会社の有様はそのままで残り、疑わしい経営者には何のお咎めもありませんでした。

3 ベンチャーでの私の試行

1. 新興企業の監査役に就任する方は覚悟が必要です。まず自社は、上場企業とはいえ所詮は個人商店に過ぎず、人生の大半を大企業で過ごした方の場合は、その思考様式や知識、行動様式はベンチャー内ではまず通用しないことを覚悟する必要があります。更に、対峙しないといけない経営者の多くは世の常識や社会規範を相当逸脱した感覚の持ち主で、そうした強烈な個性と監査役として日々向き合わなければならないということもです。

2. このような厳しい環境の中、私が監査役の責務を果たすために頼りにしたのは「監査役会」というチームでした。独任制とはいえ、1人で戦うのは千葉さんではないが辛いものです。非常勤監査役の中には見識のある方がおられて、私は大いに励まされ勇気づけられました。彼らがいなければ私は早々と辞任していたことでしょう。以下これまでの私の試行錯誤です。

3. A社の独裁的な経営者に対しては、監査役としていうべきことはいわなければならないと心に決め、監査役会として社員の降格・減給は賞罰委員会にかけること、そのために賞罰委員会を組織として立ち上げることを強く提案し、実行させました。これで、今までのようにいきなりの降格減給という無法状態は改善されたと思います。

4. またB社の場合、社長は法令も監査役制度もまったく理解しておりませんでした。経営者と監査役との対話が大事であるとよくいわれますが、その場合は経営者が少なくとも監査役制度や法令を理解し敬意を表していることが前提となります。そうでない場合、対話そのものが成り立たないのです。そもそも、使用人ごときが何をいうのかという意識で監査役と向かい合っている傲慢な経営者に正論をいうのは真に疲れることです。その場合、監査役会は有効でした。1人でだめなら多数で社長を囲み説得することは一定程度有効です。

5. もっとも正論を述べたところで社長が考えを変えるということは、あまり期待できませんでした。それでも監査役として会社をよくするために、何が必要か経営者に正式に文書で通知できたことは意味があったと思います。「監査役と社長は同格である」などという会社法上の建前論は新興企業の実態をみた場合、フィクション以外の何物でもなく強烈なオーナー経営者に対してはまったく無力に思われます。

6．私の場合、前述のような漸進的なステップを考えていました。私が監査役に就任したときと比べて、退任時には会社のガバナンスレベルが少しでも向上していることを目指して地道にあきらめず活動を続けていくことに徹しました。

4 制度的な対応の提言

1．新興企業での不祥事は、余程悪質でないかぎり、表沙汰になることはありません。それは社会的な注目度が大企業と比べ低いためであり、例えば元禄社で起こったような事件が東証1部上場の大企業で起これば、世間の耳目を引く事件になったと思われますが、現実には監査役と法曹界のごく一部の関心を引いただけでした。

2．新興企業の乱脈は特に珍しくはないと思われているのでしょう。そうした見方はベテラン監査役の方々にもあります。某大企業の常勤監査役は、千葉監査役の孤軍奮闘ぶりをみて冷ややかに「監査役にも選ぶ権利があるはずで、危なそうな会社、いかにもガバナンスが乱れていると思われる会社には入社しないことだ」と断言していました。

3．こうした自己責任論は現役監査役の方々にも多くあり、千葉監査役についてもあえて「火中の栗」を拾った人と冷めた見方をする方もおられます。確かに、一面の真理かもしれませんし、本音ベースの話かと思います。ただ新興上場企業（マザーズ、ジャスダック、地方単独）だけで1千社を超え、非上場企業で監査役協会の加盟社数が3千社あることを考えますと、例えばこうした会社の何割かがガバナンスが乱れていると予想された場合、監査役になるべきでないと切り捨てることが果たして妥当な判断なのでしょうか？　私は疑問に思います。

賢明な方は「君子危うきに近寄らず」として就任を避けるでしょう。ただ上場維持のためには誰かが監査役に就任しないといけないわけで、その理由が義侠心であれ老後の生活のためであれ、新興企業の監査役に就任した方が、その後、法の建前と現実の乖離で苦悶している状況をみると、私としては自らのささやかな体験をもとに何かできないかと思い、以下の対策を提言したいと思います。いずれも容易に実現できることとは思いませんが、日本の監査役制度を機能させ、グローバルに評価されるためにぜひ必要であると私は確信しています。

4．繰り返しになりますが、会社法の建前を声高に唱えたり、教科書的な「べき論」を講釈するだけでは、新興企業におけるガバナンス不全という現実は何も変わりませんし、苦悩する監査役を救うことはできないと思います。

(1) 東証によるフォローアップ審査の実施

新興企業の場合、上場までは審査対応のために窮屈なことに耐えていますが、一度上場を達成してしまうと、たちまちタガが外れて元の個人商店に戻ってしまう会社が多いように思います。こうした新規上場会社は、無軌道な経営者によって独裁的、独善的な経営が行われ、いずれ大きな問題が発生するリスクが高くなると思われます。

東証は審査を終えて上場させてしまえば、事後チェックは行わないという現行制度を改め、継続的にガバナンスチェックをする審査制度を導入すべきではないでしょうか。その際には、取締役会議事録などを書面審査するに止まらず、何らかの実査、例えば取締役会を予告なしに立入り監査する制度などを検討するのもよいかもしれません。

実際、新興企業の取締役会のレベルたるや、前述のB社のように到底上場企業とは思えない会社があるのですから。議事録や報告書等を外形的に整わせることは実に容易なことであり、主幹事証券がコンサル業務として完璧に行うことができるでしょう。そうした外形的な審査では対象会社の本質は見抜けないと思います。書面審査だけでは、無法な会社、ガバナンスを軽視している会社を見逃してしまうリスクが大きいと思われます。こうした規制強化の話は、株主民主主義の点からよろしくないと正論を述べる方々がおられます。私は、そうした考えに疑念を抱いています。

株主民主主義の究極の劇場である株主総会について、某信託銀行の部長氏は**「株主総会などまったくの茶番劇で、総会は始まった瞬間に実は終わっている」**と言い放っていました。この言葉は株主民主主義なるものの本質をよく言い表していると思います。部長氏の言わんとするところは、会社は総会前にすでに大株主に根回しを終え、彼らの賛成票を固めており、議決権の過半数は押さえて株主総会に臨んでいるわけで、総会自体はセレモニーに過ぎないということです。実際新興企業の場合、創業者がグループ会社を入れて発行済株式の過半数を押さえているケースも多く、時に3分の2以上の株を所有しています。この場合は、いかなる決議も通すことができることになります。たとえ監査役が会社法に則った適切な監査をしていても、経営者にとって目障りなうるさい奴だ、コンプラおたくだと嫌われれば、特別決議で解任されてしまいます。民主主義は多数決ですから、それもまた致し方ないところです。

（2）経営者に対するコンプライアンス教育

ガバナンスに対する責任は、ひとり監査役だけが負うものではありません。攻めと守りのガバナンスという言葉がありますが、監査役に対して攻めのガバナンスに責任をもてと自覚を促すのであれば、逆に経営者の側は守りのガバナンスに責任をもつべきではないでしょうか。

そのためには、監査役が就任に当たり学んでいるレベルのこと（会社法や金商法の知識など）は経営者も当然に学ぶべきだと思います。

最近、新任取締役向けに日本監査役協会が法律セミナーを実施していますが、これは大変結構なことだと思います。そもそも取締役に選任されるような方々は業務実績が抜群であることはもちろんですが、あわせて取締役が法令上要請されている責務についても熟知しているべきで、従来そうした点がなおざりにされていたため、結果として監査役制度に無理解な経営者を輩出してしまったのだと思います。この点で、監査役から経営者に対して面と向かって、「法律セミナーを受け、コンプライアンスの知識をもち、監査役制度を理解するように」とは要求し難いものです。このあたりは上場承認時の条件として、東証が経営者向けのコンプライアンス教育を義務づけて単位修得ができない経営者は上場を保留するぐらいのペナルティが必要ではないかと思います。

監査役が監査業務の研鑽を積み、経営者との対話が重要であることを、いくら認識していても、相手方である経営者が無理解であれば、そもそも対話が成り立たないのです。監査役と経営者の意思疎通が重要であることは誰しも異論のないことですが、意思疎通や対話は法令やコンプライアンスの共通言語を理解していることが大前提であり、そのあたりをソフトローのような形で経営者に強制できないものかと思います。

（3）監査役および監査役会の第三者評価の実施と開示

コーポレートガバナンス・コードでは、取締役会の評価制度の導入により実効性の向上を図るべきであるとされています（原則4-11）。コードの趣旨は、監査役会にも当然適用されるべきと思います。

元禄社のように監査役会が実質骨抜きにされ、ワンマン経営者に対してモノ言えないような御用監査役ばかりでは困るのです。経営者におもねるような不届きな監査役、いかがわしい経歴の監査役就任を排除するために、監査役会の外の中立的な第三者機関により個々の監査役の評価と監査役会自体の実効性について評価させて、結果を開示することが必要と思われます。

（4）監査役報酬のガイドライン設定と遵守

会社法では監査役報酬は監査役会の専権事項として、監査役自らが決定できることになっています。法の建て付けはその通りですが、現実は社長と相談しながら（顔色を窺いながら）決めている会社が大多数ではないでしょうか。しかも報酬水準は、常勤監査役といっても会社により大きなバラつきがあるのも現実です。大手上場企業（銀行、商社、大手製造業など）は常務待遇の報酬を常勤監査役に払っている一方、部長なみ以下の報酬に止まる上場企業も多数あります。

企業規模が異なるので已むを得ないという見方がありますが、監査役が負うリスクに格差があるとは思えませんし、逆に新興企業ほど監査リスクは高いはずであり、監査役としてのリスクリターンは見合っていないように思えます。優秀な人材を監査役として選任したければ、何よりもまずリスクに見合った報酬が提示されるべきであり、監査役の報酬について何らかのスタンダードが必要と思われます。ここに面白い資料があります。毎年日本監査役協会が実施しているインターネット・アンケートの集計結果が公表されています（平成27年12月15日付）。この中に常勤監査役の報酬水準が社内のどのランクに該当しているかを示した表があります。それをみると、上場企業の社内常勤監査役（社員出身で昇進の結果、監査役になった方）と社外常勤監査役（社外から監査役として中途入社した方）で、明らかに報酬水準の格差があるのです。社内常勤の場合、報酬額は取締役・執行役員と同一レベルの方が69％となっています。一方、社外常勤の場合は、その他（部長以下）が51％と最頻値を示しているのです。これは何を物語っているのか。社内常勤の方は役員一歩手前まで上り詰めた方が就任されることが多いと思われ、役員人事の一環として報酬面でも役員に準じた手厚い報酬になっているためだと思います。それに対して、社外常勤の方は、いわば「雇われ監査役」ですから、社内の報酬体系とは別建てとして、部長並み以下の報酬で入社可能な方を会社側が選別しているのではないかと思います。私が耳にした話ですが、日本監査役協会の人材バンクを訪れて、監査役の候補者を探す会社関係者は、まず候補者の希望報酬から選別をかけるようです。そこで一定金額以上の高額報酬希望者を切り捨て、極力低額報酬を提示している人から面接をしているようです。また、逆に監査役側から、こんな話を聞きました。複数の監査役候補がいた場合、自分が選ばれるためにあえて「前任者より低い金額で結構です。」と会社側に逆オファーするというのです。残念ながら監査役報酬については、こうしたことが現実なのです。その結果、同じ上場企業の常勤監査役とはいえ、報酬レンジの幅が上は30百万円超、下は3百万円程度と何と10倍の格差があり、役員並み以上の報酬を得ている方と、部長並み以下の報酬に甘んじている方がいることになります。こうした大きな格差は果たして合理的なものでしょうか。常勤監査役として社内出身であろうが、社外出身であろうがリスクの有り様に変わりはなく、こうした会社側（経営者）の姿勢には問題があると思います。又、監査役側も、自らの仕事にプライドを持ち、報酬のダンピングなどするべきではありません。この問題は監査役の「質」にも当然影響を与えていると思われます。社外監査役の選任は会社側と監査役候補者との間の相対交渉ですから、中々解決は難しいのですが、例えば日本監査役協会などが監査役報酬「ガイドライン」を作成し、その水準に沿った運用が図られているかを、同意権のある監査役会が、チェックすることも必要と思います。

（5）監査役の人事的独立

現行会社法では、監査役選任に際して監査役会は「同意権」をもち、相応しくない人物を監査役会として拒否できる建て付けになっています。しかしながら私は拒否権が行使された事例をほとんど知りません。

不正を隠蔽しようとする経営者は、まず監査機関を無効化しようとするはずで、例えばオリンパスや東芝のように、不正処理に責任のあった人間（副社長、経理部長、ＣＦＯ等）をあえて監査機関の責任者として口封じを図ろうとするものです。こうしたことが許されないように、実質的な人事権を監査機関自らがもつように会社法改正が必要と思います。そもそも「監査される側が監査する人を実質的に選べてしまう」システムは理に適っておらず、おかしいわけです。このテーマはハードルがきわめて高いと思われますが、実現までいかに道のりが遠くとも、心ある人々はこのことを言い続けていく必要があると思います。

（6）常勤監査役（監査委員長）の独立社外役員化

会社との間で、しがらみのない独立社外役員が監査機関の中心であるべきであり、常勤監査役や監査委員会委員長は社内出身者を選任せず、トップに対し忌憚なく物が言える独立社外役員とすべきと思います。東芝の例でも結局のところ監査機関（監査委員会）のヘッドが社内の人間であったことが大きな問題でした。

5 監査役人材と監査役報酬について

どのような人々が監査役に選ばれているのか、また監査役の報酬はどの程度なのか、このあたりは、かなりセンシティブな話題のためか語られることが、ほとんどありません。しかし私は、この問題こそ監査役制度の脆弱性の根本ではないかと思っています。以下、私の知るところを率直に記してみたいと思います。監査役の人材供給源は企業規模によりまったく異なり、その報酬も前節で述べたように上場企業の常勤監査役といえど「ピンきり」なのが現実です。

①大手上場企業

銀行、商社、大手製造業などの大手上場企業の場合は役員人事の一環として選任されています。

役員候補まで昇進した方で、最終評価で残念ながら取締役に至らず監査役に選ばれる方々がおられます。こうした方々にとって常勤監査役という役職は、いずれ関係会社のトップ級のポジションが空くまでの一時預り的なポストとなることが多いようです。

また、すでに常務取締役や専務取締役といった上級役員であった方が常勤監査役に選任されるケースがあります。おそらく何らかの理由で経営執行ラインには残れず、役員定年までの期間、処遇されるケースと思われます。

いずれも報酬面は常務待遇の処遇という内規になっているようです。こうした方々は監査役としてさまざまな意味で恵まれており、リスクとリターンもほぼ見合っているといえるでしょう。

②大企業の子会社

大企業に就職しても役員候補までは昇進できず、従業員として定年を迎える方々、こうした方々が現実には大部分でしょう。そうした方々を処遇するポストとして、大手企業は関係会社が多数あり、グループ企業の定年までの間、彼らは子会社監査役として処遇されることがあります。

この場合、監査役任期は会社法で4年あると頑張ってもらっては困るようで、定年を迎え、後任が決まれば任期途中だろうが辞任を余儀なくされます。就任時に期日白紙の辞表を人事部に提出するよう求められたという話を聞いたことがあります。

こうした方々は人事政策としてあてがわれた監査役ポストですので、報酬は本社での最終ポストから割引かれた金額となるようです。また企業グループの定年（会社によって異なりますが、商社の場合は63～65歳）がくれば、有無をいわさず定年退職となります。

③中堅上場企業

このレベルの会社ですと、プロパーの経理部長や総務部長の上がりのポストとして常勤監査役で処遇されるケースが多いようです。もちろん経理部長から取締役になる方もおられますが、選から外れた場合に監査役として遇されるようです。監査役報酬は、執行役員か平取締役レベルのケースが多いようです。

④新興上場企業（および予備軍）

新興企業は社歴も短く従業員の平均年齢も比較的若いことから、従業員の中から監査役を選ぶということは、まず考えられません。したがって通常は外部からシニアな世代（50～60歳代）の方を招請することになります。人材紹介会社や日本監査役協会人材バンク等に登録されている候補者の平均値は、大手上場企業で管理職を経験した方々と思われます。報酬は、元々平均給与がさほど高くない会社ですので、部長レベルが一般的かと思われます。ただし、それでも彼らの年代からすれば水準以上の報酬であり「老後の割のよいバイト」として、リスクは承知の上で割り切っているといわれた監査役もおられました。

この４パターンが日本の監査役人材供給の母集団と思われます。①の場合、元々取締役候補であるか、または現に取締役であった方々が「はからずも監査役になってしまった」ケースなので、少なくとも就任時点でのモチベーションは高いとはいえないでしょう。また、③のケースでも本来は取締役候補であった経理部長、総務部長として有能な方々ですから、挫折感は残ると思います。②のケースは定年間近の従業員に対する人事的配慮ですから、ほとんどの方は淡々と辞令を受け定年まで勤め上げるだけでしょう。①～③は社内監査役となります。

これに対して最後の④のケース。元々は大企業出身であり、会社斡旋の取引先に飽き足らず、新興企業の監査役ポストを志願する方々です。恥ずかしながら私もこの1人でした。大企業での思考様式を捨てて、自身をベンチャー企業にカスタマイズする必要があり、企業文化の違和感は相当なものがあります。

いずれのケースでも問題ですが、特に①～③の場合、初めて監査役として選任された方々は、監査役としてのベース知識を就任の時点では欠いている場合が多いと思われます。その場合、日本監査役協会などの研修会を経ながら6ヵ月ほどたってようやく監査役としての業務が実質的にスタートすることになります。素朴な疑問として、このスタートアップ期間の6ヵ月の間に監査役として重大な決断を求められる事案が生じたら、どうされるのでしょうか？

監査役として就任した以上、見習い期間などはそもそもないはずです。スタートに時間がかかるという問題は、人選上の無理、元々監査のプロでない方々が選任されてしまう制度にあると思います。理想的には、法令、財務会計と監査実務に十分な知識をもった方々を監査役候補の母集団とするような人材バンク的なものがあり、そこの自他推薦者を候補とすべきなのでしょう。

また、前提として監査役の「資格試験制度」などがあってもよいと思います。これについては、日本監査役協会でぜひ検討していただきたいものです。現在のように人事政策の一環として監査役が選任されるという慣行は見直しが必要と思います。

6 ガバナンスの「最後の砦」として……

ここまで、かなり率直な物言いをさせていただきましたが、私は複数社での新興企業監査役の経験から、監査役がガバナンスの「最後の砦」として機能し得るためには、監査役の実質的な地位向上こそが不可欠であり、そのためには監査役側の自己改革努力はもちろんですが、それだけでは限界があり、抜本的な制度改革が必要だと確信しています。

現実には人事権も報酬権も経営者に握られている方が、監査役として会社法を盾にして、経営トップに対し勇敢に物申すことができるなどと考えること自体が非現実的なことと思います。現状は、オーナー経営者の目からみたら、監査役などはラインから外れた「三等重役」であり、高齢の従業員でしかありません。会社法の建て付けはどうであれ、監査役スタッフもおらず、給与も部長以下、PC操作にも不慣れな高齢者が、果たして従業員の尊敬を得られるものでしょうか。

私は千葉監査役ほどの覚悟もなく、生活を抱えて辞任する勇気もなかった情けない監査役でした。しかし私流ではありますが、理不尽なオーナー経営者と向き合いながら、監査役として何とか信頼関係を保ち、漸進的なガバナンス改善を図ってまいりました。他の筆者もいわれているように、現行の日本の監査役制度ほど法の建前と現実が大きく乖離している制度はないのではないかと思います。そうした監査役制度を実効化する責任は、監査役だけでなく経営者も当然に負うべきです。前述しましたようにガバナンスの面の経営者教育という問題が個人的には大変重要なことだと思っています。

私は過去の辛い体験にも拘らず現在も新興企業で監査役を続けております。なぜならば、私の提言が一部でも実現され、監査役の地位が名実ともに向上し、日本独自の監査役制度が「ガバナンスの最後の砦」としてグローバルに評価される日を、現役監査役としてぜひとも見届けたいからです。それが私の監査役としての「覚悟」です。

第3章

監査役(会)のあるべき姿

元禄社の千葉監査役が直面された諸々の事実を知るにつれ、自分だったらここまでできただろうか、と考えさせられます。彼の責任感と正義感には心から敬意を表します。さらに、それにも増して、ご家族の理解と励ましには、頭が下ります。

元禄社の社長のようなひどいケースばかりではないとしても、世間にはいろいろな社長が存在しています。この社長を社内で監視・監督するのが監査役(会)の真の役割です。社長がまっとうな経営をしてくれているかどうかを判断して、おかしいと感じたら是正を迫る仕事です。

本章では、社長と向き合う監査役(会)の心構えやいくつかの実践について述べます。

1つは、毎月の「社長との定期会合」です。社長と向かい合って、何をテーマに意見交換するのか、監査役(会)の日常の活動の成果が問われる大事な場です。

もう1つは、グループ内の課題や変化を知るための大事な情報源として「内部監査部門」をフルに活用することです。同部門との関係を単なる連携の域にとどめず、さらに一歩踏み込んで、監査役(会)が「監査機能上指揮・命令する体制」を確立します。

「社長を監視・監督するなどとてもできない、現実からかけ離れた理想論だ」と考える監査役が多いのが事実です。しかし、選ばれた以上、社長と対峙することも避けられないと覚悟して、この難しい仕事に全力を傾注してもらわなければなりません。「ガバナンス不在、社長絶対の経営体制」となっては会社が困ります。社内に代役はいないのですから。

この仕事には解説書も、マニュアルもありません。参考になるのは、他の監査役が、これまで知恵を絞り、勇気をもって行動してきた実践を見聞きすることぐらいです。

本章では、社長と向き合う監査役(会)の心構えやいくつかの実践について、意見を述べていきます。

1 社長と監査役(会)の関係

監査役にとって、一番難しく、悩ましい問題は、社長との関係です。どのような間合いで社長と対峙するのか、その間合い次第で監査役の活動内容と成果は大きく違ってきます。

あたかも社長の部下のような立場にいる監査役であれば、大事な役目を果たすことは難しいでしょう。一方、社長と監査役がお互いに信頼し合い、それぞれの役割をきちんと認識しておれば、チェック・アンド・バランスが機能して会社の健全な発展が期待できます。どうすれば社長との望ましい関係を構築できるのか、監査役は在任中一貫してこの難問と向き合うことになります。

（1）元禄社山形社長のようなトップが現れるリスク

元禄社の山形社長は上場会社のトップとしてあるまじき方です。経営者として不適格である以前に社会人として、人間としても許し難い人です。しかし、このような異常な社長は世の中に2人といるはずはない、と単純に考えていては間違います。

すべての会社が共通して抱えている最大のリスクは「トップリスク」です。適任でない社長が選ばれるリスクと、就任後に社長がおかしくなるリスクといってもいいでしょう。

どの社長も就任直後から「社内における独裁者」です。経営の最高責任者として、人事権を行使しつつ、経営を全面的に指揮する社長は、社内の誰も逆らえない一番の権力者になります。そして、就任当初は、理想の経営を実現するため、懸案の課題に果敢に取り組み、部下の意見にもしっかりと耳を傾けますが、年月が経つとともに、「裸の王様病」に取り付かれます。

この病気は、本人がいくら気を付けていても、逃れることは不可能です。なぜなら、社長本人は就任当初と変わっていなくても、周囲が変わってくるからです。社長の意向という出所不明の指示が社内を飛び交い始めます。不都合な情報は社長の耳に届き難くなります。社長は歪んだ情報に基づいて判断を下し、すぐに動かない部下に苛立ちを覚えるようになります。

役員・社員は、社長の言動を必要以上に気にするようになり、指示待ちの社風がジワリと組織を蝕んでいきます。どんなに立派な社長でも、この病気から逃れることは不可能です。できることは病状をこれ以上悪化させない、進行を遅らせることだけです。

ある社長に聞いた話です。社長が悩みに悩んで「これしかない」と考えた案に対して、部下の役員がありきたりの理由で異論を唱えたとき、「その部下の首を絞めてやりたい」と本気で思ったそうです。

社長絶対優位の経営体制下であっても、株価と業績の圧力を一身に受けながら、社外との競争、社内の統率で神経をすり減らす毎日が続くと、優れた社長といえども常に平常心を維持することは難しくなる1つの例かもしれません。

程度の差はありますが、どの会社もこのような「トップリスク」を抱えています。このリスクを完全に取り除くことは難しいことですが、まったくの無防備では、会社の持続的な発展が危うくなります。

リスクに対処する手立てを真剣に考えておかなければなりません。

(2) 社長の選任リスクへの対応

多くの日本企業では、現社長が後継社長を指名します。ときには、会長(前社長)に相談する、あるいは指名諮問委員会に諮ることもあるでしょうが、やはり現社長の意向が大きく影響します。この日本式の選任プロセスには賛否両論があります。

つまり、現社長の「会社の発展を願う気持ちの強さ」と「人を見る目の確かさ」は全面的に信頼できるのだろうか、という点から賛否が分かれます。

一方、英米のような社外取締役中心の「指名委員会」による選任は、1つの方法ではありますが、株主の意向ばかりが強く反映された選任になるのではないか、との不安を払拭できないのもまた事実です。

日本では、会社はそこで働く人の共同体と考えられています。株主、取引先、社会などのステークホルダーの役に立つ仕事を成し遂げるための集団です。ほとんどの社長は、「後継者の育成と選任こそが自分にしかできない大事な仕事である、社外の方に丸投げはできない」との強い責任感をもっています。

現社長は、引退後も会社とのつながりを絶つことなく余生を過ごすのが一般的ですので、どのような後継者を育成し、選抜したかを問われ続ける立場から逃れることはできません。

今後とも、多くの日本企業では、若干の微調整を加えながらも社長主導の選任プロセスが続くものと思われます。この場合、任意機関として設置した指名諮問委員会で審議して承認するプロセスを経れば、ある程度透明性が高まり、説明責任を果たすことに役立つでしょう。

(3) 社長がおかしくなるリスクへの対応

最適任者を社長に選任しても、時間の経過とともに、社長がおかしくなるリスクがあります。有効な対応策は多くありませんが、1つは社長在任期間の取り決めです。日本の多くの上場会社は、社長の在任期間を、例えば3期6年などと内規で定めています。中には、内規をホームページ上に公表して、公約にしている会社もあります。

一方、米国を代表する優良企業のGEでは、ジャック・ウエルチ前社長が1981年に46歳で就任して2001年までの20年間在任していました。ジェフリー・イメルト現社長は、2001年に45歳で就任して現在、15年と長期政権です。若くして社長に就任しておれば、20年間も可能でしょう。

日本の社長は、多くが60歳前後で就任しますので、6年程度の在任期間の内規は1つの有効な「生活の知恵」ではないでしょうか。

もう1つの対応策は、(4)(5)で述べるように取締役会あるいは監査役会に、社長を監視・監督する役割を担ってもらうことです。

(4) 取締役会による監視・監督

会社法では、取締役会の職務の1つは「取締役の職務の執行の監督」と定められています。取締役のトップである代表取締役社長を監視・監督する役割です。

日本の平均的な上場会社の取締役数は、おおむね10名程度で、社内取締役8名程度と社外取締役2名程度で構成されています。つまり、圧倒的多数は、社長の部下として業務執行に携わっている業務執行社内取締役です。

このような取締役会が、社長の監視・監督機関として機能し難いことは一目瞭然です。日常的に社長の指揮下にある業務執行社内取締役が、社長を監督していると主張しても誰も納得しないでしょう。取締役としては1票の議決権を有していても、業務執行社内取締役が上司に当たる社長に物申せる、申すべきだと考えるのには無理があります。残念ながら、会社法の意図は、日本のほとんどの取締役会では通用しないという現実を認めざるを得ません。

取締役会を真の監視・監督機関とするには、英米のように独立社外取締役を過半数とすることが最低条件となります。例えば、前述のＧＥの取締役会は、独立社外取締役が15名と社長の16名で構成されています。

では、日本の取締役会も、真の監督機関とするために英米のように社外取締役過半数を目指すべきでしょうか。

私の答えは「ＮＯ」です。

日本の取締役会は、今後とも業務執行の意思決定を中心的な役割とする、いわゆるオペレーション型（マネジメント型ともいわれている）で運営されるものと思われます。

日本の経営者は、「執行」と「監督」の役割を分離することの必要性はよく理解しています。

しかし、社外取締役中心の取締役会が経営の基本方針を「決定」し、業務執行取締役がその方針に従って「執行」する仕組み（「決定」と「執行」の分離）には強い違和感を覚えています。

業務執行取締役が自ら「決定」したことを、責任をもって「執行」する、完遂するという日本流の経営哲学と経営手法の良さを深く実感しているからです。

業務執行取締役への権限委譲をさらに進めて（個別案件の取締役会付議事項を減らして）、取締役会を専ら基本方針の「決定」と「監督」の機関に衣替えすることが、日本企業の成長と企業価値の向上につながるとは思っていません。

この日本型と英米型の違いは、日本の社会における会社の位置づけ、日本の経営者・社員の会社との結び付きや労働感などに起因するもので、どちらが優れているというものではないと思います。会計原則や、会計監査の考え方や手法は世界統一の方向にあるとしても、取締役会の在り方やガバナンス体制はそれぞれの国の文化や社会にマッチしたものでないと上滑りして定着しません。

なお、「コーポレートガバナンス・コード」の導入によって、上場企業では独立社外取締役2名以上の登用が進んでいます。

独立社外取締役には、業務執行社内取締役と異なり、社長の監視・監督機能を存分に発揮できるはずだ、発揮してもらいたいと期待しますが、どのような経緯と覚悟で就任されたのかをまず確認する必要があります。自らの経験と知識をベースにして経営へ助言したい、社長を支援したいと考えて就任されている方には、社長を監視・監督する役割を深く認識されていない可能性があります。

このような方には、社長の監視・監督役割は期待できないでしょう。

(5) 監査役会による監視・監督

会社法では、「監査役は、取締役の職務の執行を監査する」と定めています。経営全般と経営者を監視・監督して、問題点があればその是正を経営者に迫る役割です。

日本企業の多くの取締役会は社長主導で運営されていますので、前述したとおりガバナンス機関として位置づけるには無理があります。ガバナンス機関といえるのは、監査役会のみとなります。

監査役会には、代役のいない難しい任務を遂行してもらわなければなりません。そのためには、監査役自身を筆頭に、社長・社員・社外の関係者が次の点を十分理解しておく必要があります。

・監査役は社長の部下ではありません。内部監査担当役員でも、コンプライアンス担当役員でもありません。社長のために働くのではなく、会社の発展のために働く役割です。

・監査役(会)が監視・監督する相手は社長です。社員ではありません。監査役は監視する人、社長は監視される人です。

・監査役には、個人としてではなく監査役会という会社の機関として、あるいは社外役員(社外監査役・社外取締役)の力を活用してこの難しい役割を果たす覚悟が求められています。

これまで、監査役会の真の役割、つまり「経営(者)の監視・監督役割」について、十分に議論が尽くされてきたとは思えません。これまでは経団連や社長に遠慮したのでしょうか、議論を避けてきたきらいがあります。新任監査役の方にも、この点の研修が行き届いているとは到底思えません。

この結果、「監査役会の監査は適法性監査で妥当性監査には及ばない」、「監査役は取締役ではないので、監督はできない」などと主張をされる方が、少数ですが未だにおられます。

取締役会の監督と監査役会の監査は、いずれもそれぞれの立場から取締役の業務の執行を監視・監督することで中身に違いはありません。

参考に、西山芳喜教授は以下のように述べています。

「昭和49年の商法改正は、監査役は業務執行を監督すると解されていた明治以来の監査役制度の機能の復活を試みたものでしたが、すでに取締役の業務執行を「監督」するための取締役会制度があったため、「監督」の語が使えず、任務の一部として残った「会計監査」の語を拡大・使用するような形で「監査」の語に落ち着いたようです」（西山芳喜先生「監査役会制度の卓越性」『月刊監査役』2015年9月号19頁）

海外からは、「日本企業では一体誰が、あるいはどの機関が社長を監視・監督しているのか？誰も監視していないのではないか？」との根強い批判が続いています。「監査役会がその任に当たっている」と胸を張って回答できるようにならないかぎり、日本企業に対するガバナンス不在の疑念を取り除くことはできません。

最近になって、ようやく日本監査役協会は監査役（会）の監督役割を前面に押し出してきました。

◆2012年8月29日「監査役等の英文呼称について」を公表

従来のCorporate Auditorを、Audit & Supervisory Board Memberに変更し、監査役会は監督機能（Supervisory）を有する点を明らかにしました。

◆2015年7月23日「監査役監査基準」を改定

監査役の職責として、初めて監督機能の表現が明記されました。

> **（監査役の職責）**
>
> 第2条　監査役は、取締役会と協働して会社の監督機能の一翼を担い、……良質な企業統治体制を確立する責務を負っている。

監査役会の監視・監督役割を、社内外で十分浸透させるには、社長と監査役会の両方が、次の点を繰り返し社内外に発信することが必要になります。

▼社長：自分を監視・監督している社内のお目付け役は監査役会と社外取締役だ。その任を全うできる方を監査役としてまたは社外取締役の候補者として提案している。監視される人（社長）が事実上、監視する人（監査役）を選んでいるのではないかとの批判に応えるため、監査役や社外取締役選任のプロセス（監査役会の同意権行使の状況を含む）を積極的に開示していく。

▼監査役：監査役会の真の役割は、社長の経営ぶりを監視して、問題があれば是正を迫ることである。監査役会という機関として、また必要に応じて社外取締役の協力を得ながら、この難しい任務に当たる覚悟である。この役割と覚悟のほどを、事業報告、コーポレートガバナンス報

告書、アニュアルレポートなどで公表していく。

（6）監査等委員会への危惧

平成26年改正会社法（2015年5月施行）で、機関設計の第3の選択肢として監査等委員会の設置が可能になりました。すでに、2016年4月末現在では561社の上場会社が監査役会を廃止して監査等委員会への移行を実施または予定しています。

法務省のねらいは、社外取締役の選任を促し、業務執行と監督の分離を図ることといわれていますが、果たして、監査等委員会は社長を監視・監督できるのでしょうか。監査役会を廃止して監査等委員会に移行すると、「ガバナンス機能は確実に弱体化するのではないか」と危惧しています。

社外役員の数を増やしたくないとか、海外の投資家に対してややこしい監査役会の説明をしなくてすむ、といった安易な理由だけで監査等委員会へ移行をしないように、社長と監査役には慎重な判断が求められています。すでに移行を決定された会社には、ガバナンス弱体化の懸念があることを認識した上で、必要な対策を考えてほしいものです。

監査等委員会は社長を監視・監督し難いと考える理由は次のとおりです。

①監査等委員会の役割は限定的

監査等委員会は、取締役会の機能の一部を担当する専門分科会ですから、担当分野は内部統制、財務報告、コンプライアンスなどに限定されます。

例えば、経営（者）の独断専行や、過大リスクの許容などの重要テーマは、上位機関である取締役会で審議されます。上位機関である取締役会を社長主導で運営しているかぎり、社長にとって監査等委員会は御しやすい存在になってしまうでしょう。

経営全般および社長の経営ぶりを広く監視する監査役会と比べて、監査等委員会の役割はきわめて限定的です。

②ガバナンス機関不在

監査等委員会に移行すると監査役会はなくなりますので、経営（者）の監視・監督は取締役会の役割になります。しかし、前述したように日本の多くの取締役会は社長主導のオペレーション型で運営されています。

そうなると、一体誰が、どの機関が経営（者）を監視・監督しているといえるのでしょうか。社長絶対優位の経営体制下で、ガバナンス機関不在となってしまいます。

③取締役・監査等委員の監視・監督意識低下

監査役は、取締役とは違う役職であるからこそ「社長の部下ではない」、「社長を監視する難しい役割を担っている」との自覚をもち、覚悟を固めることができます。

取締役・監査等委員（特に社内出身で常勤の場合）になると、業務執行の決定に参画しますので、社長の部下として働いている業務執行取締役との一体感が強くなりかねません。経営（者）の監視・監督役割を担っている意識が徐々に希薄になるでしょう。

④社長の意識変化

社長は、取締役・監査等委員にも、他の業務執行取締役と同じように社長をサポートしてほしい、経営に貢献してほしいと考えるようになります。取締役・監査等委員の発言は、取締役としての発言か、監査等委員の立場からの発言か、社長として問い質したくなります。「同じ取締役なのに」と考えると、否定的な意見に対して感情的になりやすくなります。

2 監査役会の具体的な活動

社長との望ましい関係を構築して、有効な監視・監督活動を行うには、具体的に何をしたらよいのでしょうか。いくつかの実践を紹介します。

（1）社長との定期会合

監査役監査基準第15条に定められている「代表取締役との定期的会合」は、監査役会にとって最も重要な活動です。定期会合（例えば、月1回）は、今やほとんどの上場会社で実践されています。日本企業が世界に誇れるベストプラクティスの1つです。もし、定期会合がまだ制度化されていないような会社があれば、最優先課題としてその実現に向けて尽力してもらいたいものです。

社長と監査役が余人を交えずに、経営問題を幅広く議論する場です。議題の選定や会合の進め方などは、会社によって千差万別と思われます。お手本はありませんので、社長の性格や経営手法などを勘案しながら、何をどのように話すべきかを監査役が考えねばなりません。まさに監査役の力量が問われる場といえるでしょう。

監査役の日常活動とは、定期会合の場で社長に何を伝えるかを探すことに尽きるといっても過言ではないでしょう。会合に先立ち、まずは社長の経歴や性格を知ることが一番ですが、その上で、監査役(会)制度についての社長の理解度と期待度を確かめておくことも大事です。社長の監査役に対する考え方は、次のように意外なほど幅があることを知っておかないと、スムーズな対話は望めないからです。

(A) 監査役(会)は法制上設置しているが、特に会社経営上の期待はしていない。自分にはアドバイスしてくれる人がいるので、監査役に経営を監視してもらうつもりはない。監査役はとても自分に意見をいえないのではないか。

(B) 役員の1人として、自分をサポートしてもらいたい。自分の目が届かないところや気づかない点を調べて報告してもらいたい。

（C）監査役は取締役の仕事ぶりを監視する役目だから、副社長以下の仕事ぶりに問題があればいってきてほしい。

（D）監査役は業務執行の最高責任者である自分をしっかり監視して気づいた点は遠慮せずにいってもらいたい。監査役個々人では言い難いだろうから、監査役会の総意として指摘してもらいたい。

（E）「監査役会の基本任務は社長の監視・牽制である」ことを社内外にはっきりと周知しておくべきだ。

対話を通じて、上記の（D）や（E）のような認識を社長に植え付けるのも、監査役の大事な役割です。

（2）取締役会での発言

監査役には、取締役会で積極的に発言し、議論を活発化する先導役が期待されています。特に意見がない場合でも、提案の内容を確認する、疑問点を質問する、あるいは担当取締役の発言を促すのが、監査役の務めです。監査役が先頭に立って取締役会で活発に議論している姿を社内に示さないかぎり、他の社内会議も沈黙の儀式と化してしまいかねません。建設的な議論の内容を議事録に詳しく記載することを続けていれば、他の取締役の発言も徐々に増えていくでしょう。

（3）経営会議などの重要会議への出席

元禄社では、監査役が経営会議への出席を求めましたが、聞き入れられませんでした。社長に拒否する権限があるのでしょうか。本来、社内の重要会議に出席するか否か、出席しない場合は議事録の提示を求めるかどうかは監査役自身が判断すべきことです。できれば監査役就任時に、どの社内会議に出席するかは監査役自身が判断して決めることを、社長と合意しておくことが望まれます。経営会議や、リスク管理委員会、コンプライアンス委員会などは、極力参加すべきです。

なお、経営会議は、業務執行の最高責任者である社長への諮問機関として運営されることが通常ですので、監査役が議案の審議に直接参加するのは避けた方が無難です。審議プロセスの傍聴者として列席しておけば、後日の取締役会での質問や発言に支障が出ることは避けられます。また、経営会議には、複数の常勤監査役が出席するのか、社外監査役（非常勤）も出席するのかは、その功罪をよく考える必要があります。

（4）会計監査人との意思疎通

会計監査人との意思疎通はそれなりに定着してきましたが、会社法の改正を機に一段と充実を図る必要があります。118頁以降で詳述します。

（5）内部監査部門の活用

監査役会が今後最も注力すべき点は、内部監査部門の活用です。内部監査部門をフルに活用しないかぎり、監査役の任務は遂行できないと考えて、新しい関係を構築すべきです。123頁以降で詳しく述べます。

（6）独立社外取締役の活用

コーポレートガバナンス・コードの制定により、上場会社では複数の独立社外取締役の起用が進んでいますので、監査役会との協働がこれからの課題となります。

独立社外取締役は、会社の持続的な成長と中長期的な企業価値の向上に寄与してもらわなければなりませんが、同時に経営(者)の監視・監督機能も担っています。監査役会と独立社外取締役と緊密に情報交換する必要性が高まっています。

3 会計監査人との意思疎通

元禄社の山形社長は、監査役が会計監査人と直接コンタクトすることを許さないばかりか、会計監査人に対しても監査役と情報交換しないように圧力をかけていました。このため、同社の監査役は、頼りにすべき唯一の社外関係者である会計監査人との意思疎通の道までも閉ざされてしまったのです。

一方、会計監査人も、社長の意向に沿わないと、監査契約が解除されることを恐れたのでしょうか、専門職としての独立心に基づいた行動はとりませんでした。

（1）会計監査人の選任・解任権

平成26年改正会社法（2015年5月施行）で、会計監査人の選任・解任の権限が監査役会に付与されることになりました。「インセンティブのねじれ」といわれていた懸案事項がようやく解決されたわけです。監査報酬については、依然として監査を受ける側の執行部門が決定権を有し、監査役会には同意権があるのみですが、これは早急に改める必要があると考えます。

監査時間は短ければ短いほどがよい、短い時間で無限定適正意見を出してほしいと願っている社長や経理部門が、監査時間に比例する監査報酬を決めるというのは、どう考えてもおかしな話です。日本監査役協会には、会員の監査役と経団連を説得して、当局に対して強力に改定を働きかけてほしいと思います。

監査役会は、会計監査と内部統制監査の専門業務を会計監査人に業務委託します。会計監査人は専門業務を受託します。業務委託者と業務受託者の関係です。平たくいえば、監査役会が会計監査人の「雇い主」です。

監査役会は、信頼できる会計監査人を選ぶ義務があります。チェックポイントは、「監査の専門能力」と「プロフェッショナルとしての独立心」です。

大手監査法人といえども、実際の監査責任者は個人ですから、信頼できる人かどうか慎重に検証することが必要です。日本公認会計士協会や公認会計士・監査審査会の情報を必ずチェックすべきでしょう。

社長が会計監査人の交代を望む場合は、その理由を聞き、むやみな交代は社会の信頼を失うと理解してもらいます。そして、選任・解任の決定権限は監査役会にあることを伝えます。

(2) 監査役会の立場

監査役会は、業務委託先である会計監査人に「十分に監査してもらって厳正な意見を出してもらうように支援する」立場です。会計監査人がスムーズに監査できるように、社内関係部署の協力を取り付ける、監査障害を除去する、監査対象に聖域を設けない、監査役会側から必要情報を提供する、などの支援をします。

財務諸表の作成責任は、社長にあることは当然ですが、社長に適正な財務報告をさせるのは監査役会の責務です。会計監査人と経理部門の間で意見の相違が生じたら、双方の主張を十分に聴取して監査役自らが是非を判定する行司の役目を果たすことになります。会社側の意見を擁護するのが監査役の役割ではありません。会計監査人の意見が正当と判断したら、社長および経理部門を説得して財務諸表を修正させるのも監査役の大事な仕事です。

会計監査と内部統制監査の結果を、経理部長から社長に報告している会社が見受けられます。

「こういう指摘がありましたが、経理部がうまく説明して会計監査人に納得してもらいました」と伝えているようでは本末転倒です。監査業務の委託者である監査役会が監査結果を聴取した上で、社長および取締役会に対して指摘事項と監査役会の意見を直接伝達すべきです。

（3）会計監査人との緊密なコミュニケーション

監査役会と会計監査人のコミュニケーションは、その頻度も増え、内容も充実してきていると見受けられます。いろいろな会社をみている会計監査人の見方は、監査役にとって貴重な情報源です。

次のようなテーマについても、会計監査人のサポートを得ながら、社内の理解度を高めていきます。

①経営陣の会計リテラシー向上策

まずは、「正しい財務報告が会社を強くしていく」との考えを、社長を含む経営陣でしっかりと共有しておくことが肝要です。

会計の基本を、すべての幹部社員に理解してもらいます。会計には幅があるので、ある程度利益操作できると信じている幹部社員もいます。確かに、会計には見積もりや判断を伴いますので、費用や引当金の見積もり、利益の認識時点、減損会計、のれん償却など、判断次第では業績が変わってきます。しかし、その幅は無限大ではない、一定の範囲内でしか許されないことを、社長を含む幹部社員に理解させなければなりません。

最近は、国際会計基準（ＩＦＲＳ）を採用する会社が増えています。日本基準とどこが違うのか、をわかりやすく説明する機会を、会計監査人と共同して設けることも必要です。

②「利益平準化」思想の払拭

ある高名な社長とお話しする機会を得たとき、「経営者というものは、常に「利益平準化」の誘惑と戦っているのだ」と、本音を吐露されたことがありました。社長のみならず、利益責任を負っているすべての幹部社員には、大なり小なりこの思想が念頭にあります。今期はまずまずだが来期の予想は苦しいとなれば、今期末の費用の見積もりや引き当てを手厚くしておく、逆に今期が苦しければ来期の利益を先食いする、ことを考えます。このような利益操作も、経営手腕の一部と考えている向きも見受けられます。

しかし、「利益平準化」の思想がある程度許されるとなると、社内のあちこちで利益操作が行われます。「利益平準化」を言い訳にした「利益操作」は一切認めない、判明したら厳罰に処する、との強いメッセージを社長から全社員へ繰り返し発信しておくことが必要です。

会計監査人も、いろいろな会社を監査した経験から「利益平準化」を許す企業風土が醸成されていないか、監査役と胸襟を開いて話し合うべきです。

4 内部監査部門の活用

元禄社には内部監査部門は設置されていませんでした。

山形社長は、法定でもない機能をわざわざ設置する必要性をまったく感じていなかったものと思われます。もし上場会社としての体裁を繕うために設置していたとしても、社長にとって不都合な内部監査は社長権限ですべてストップしたことでしょう。

内部監査機能は、会社法上必置ではありませんが、今やこの機能がないとガバナンス不在とみなされる時代になってきました。社長のためにだけ設置される機能ではなく、ガバナンス機能の一部として、監査役会の活動を支える重要な役割が期待されているからです。

(1) 内部監査部門は監査役会の最重要パートナー

監査役会の大事な情報源は、会計監査人と内部監査部門の2つです。

日本監査役協会と日本公認会計士協会は、これまで長年にわたり、両者の連携について研究を続け次々と指針を公表しています。

一方、日本監査役協会と日本内部監査協会の間には、このような動きはまだ十分にはみられません。

常勤監査役1～2名と少数の監査役スタッフ（補助使用人）だけでは、海外を含む全グループの業務監査を行うための監査資源（数とスキル）は絶対的に不足しています。内部監査部門を活用しないかぎり、監査役会は職責を全うできないのは明らかになっています。

一方、日本企業の内部監査部門は、大なり小なり次のような課題を抱えています。

①経営への貢献度のバラつき

ルール違反を指摘して是正を求めるだけの「準拠性検査」の域にとどまっているところから、経営上の重要課題（ガバナンスのテーマなど）を果敢に取り上げて根本原因を追及し改善のための提言をしている会社まで、企業経営への貢献度の面では著しいバラつきがみられます。このバラつきは、社長と監査役会の「内部監査を経営に活用する意識」の差によるものと思われます。

②自社流の監査手法

内部監査部門の運営手法や監査実務はそれぞれの会社の中で長年踏襲してきたやり方（自社流）を漸進的に改善して今に至っています。内部監査に従事する社員は、自分の意志と関係なく異動させられていますので、専門家が少なく、他社の優れた手法を学ぶ機会も乏しいのが現状です。

世界のベストプラクティスを集大成した国際基準の考え方や手法を十分に取り入れている会社はまだ少数です。品質向上のための取り組みも十分とはいえません。

③社長からの独立性の欠如

内部監査部門は、経営者（社長）直属の組織として位置づけられ、社長の目となり耳となって社長が推進している経営に貢献しようと懸命に努力しています。社長直属の組織ですので、社内の各部門や子会社などの監査対象からの独立性は確保できています。

しかし、社長からの独立性は担保されていないのが現状です。社長から独立していなければ、社長が深く関与している取引や組織の監査、あるいは社長が望まないテーマの監査はできませんし、監査を実施できたとしてもその結果は社長の意向に沿ったものになってしまうでしょう。

では、監査役会が内部監査部門をフルに活用し、さらには内部監査部門が抱えている課題を解決するには、何をすべきでしょうか。

（2）内部監査部門の位置づけの明確化

監査役(会)は、内部監査部門の位置づけを明らかにするため、次の点について社長の納得を得ます。

①PDCA経営の重要なツールとしての位置づけ

ＰＤＣＡを回しながら経営の質を高めるためには、内部監査の機能が不可欠です。

グループ全体を見渡して、ガバナンス、リスク管理、内部統制上の課題を見つけ、改善のための提言を行う機能として位置づけます。

②ガバナンス機関の監督機能の一部の役割

世界の標準的な考え方は、内部監査部門はガバナンス機関（日本の監査役会を含む）の監督機能の一部として設置されるべきで、社長のためだけに設置されるものではない、としています。

日本でも、社長のために役立つことに加えて、ガバナンス機関である監査役会のためにも役立つことが期待されている点を、関係者全員が理解することが必要です。

③第3線の防御ライン

世界では「3つのディフェンスライン（The Three Lines of Defense）モデル」の考え方がデファクトスタンダードになっています。

第1線のコントロールとは、現場や支店で自ら実施する統制活動です。第2線とは、現場や支店の活動を支社や本部でモニタリングしている部署（財務統括部、リスク管理部、安全部、品質保証部、コンプライアンス部など）です。内部監査部門は、第3線として、第1線や第2線のモニタリングが機能しているかどうかを監査してその結果を社長とガバナンス機関に伝達します。

つまり、第2線に任せられるものは任せ、業務の重複を排除して、会社全体のモニタリング活動に不備がないことをアシュアランスす

■3本の防衛線モデル

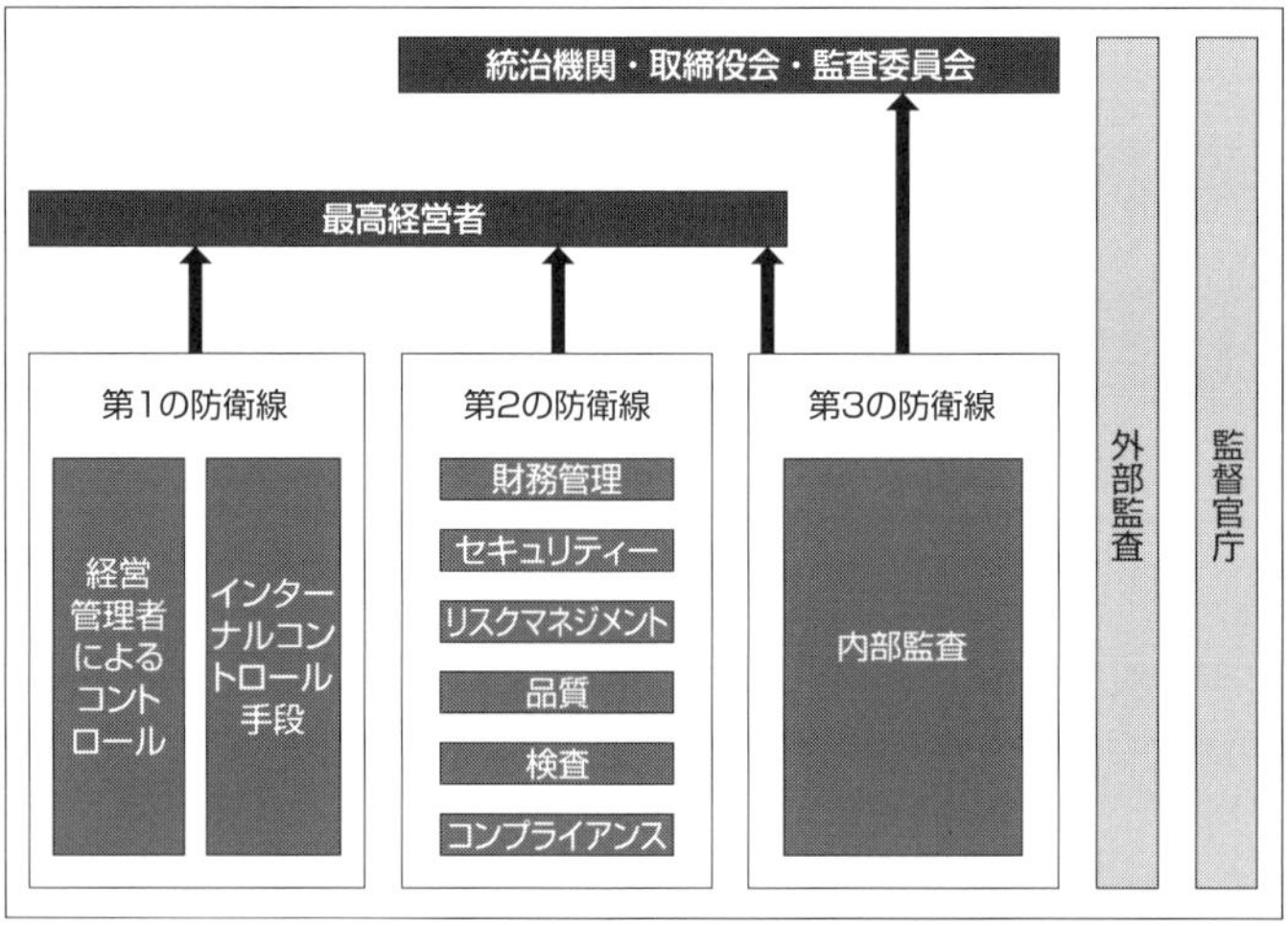

るのが内部監査部門の役割です。

（注）IIA Position Paper（January 2013）参照。日本語訳は、『月刊監査研究』２０１４年4月号2頁から抜粋。

（3）社長と監査役会への「2系統の報告経路（Dual reporting line）」の確立

監査役会が、内部監査部門の活動結果に依拠して社長の監視・監督を行うためには、同部門の社長からの独立性を担保する仕組みを確立しなければなりません。現在、日本の内部監査部門は、多くが社長直属組織として社長の目となり、耳となって活動しています。その上で、監査役会とは連携を深めようとしています。

しかし、『連携』というあいまいな関係では、社長からの独立性は確保されず、海外投資家らの疑念も払拭できません。英米なみの「Dual reporting line」の確立こそが、今、監査役会に期待されている最重要テーマです。

①Dual reporting lineの必要性

内部監査部門はガバナンス機能の重要な一角を担う役割を期待されています。同部門を加えた、日本型ガバナンス体制の理想形は図のようになります。

内部監査部門がガバナンス機能を担っている以上、社長から組織上独立している必要があります。社長からの独立性を担保する後ろ盾は、監査役会と独立社外取締役です。

これからの内部監査部門は、社長の役に立つとともに、監査役会の活動に貢献することが求められることになります。

②「2系統の報告経路（Dual reporting line）」

内部監査部門の監査機能上の報告先（指揮命令を受ける先、Functional reporting）はガバナンス機関（Audit Committee）とし、社長は部門運営上の報告先（Administrative reporting）とするのが、世界のデファクトスタンダードになっています。

■日本型ガバナンスの理想形

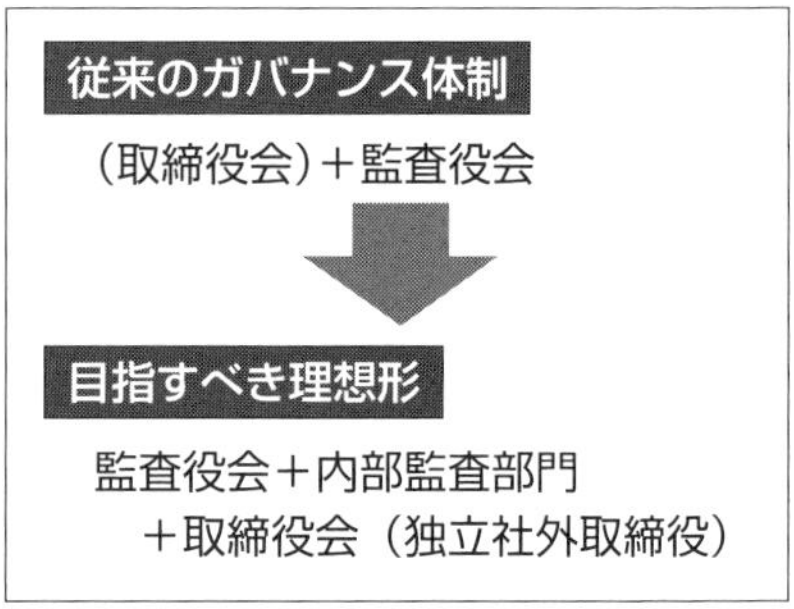

■日本と英米のレポーティングライン

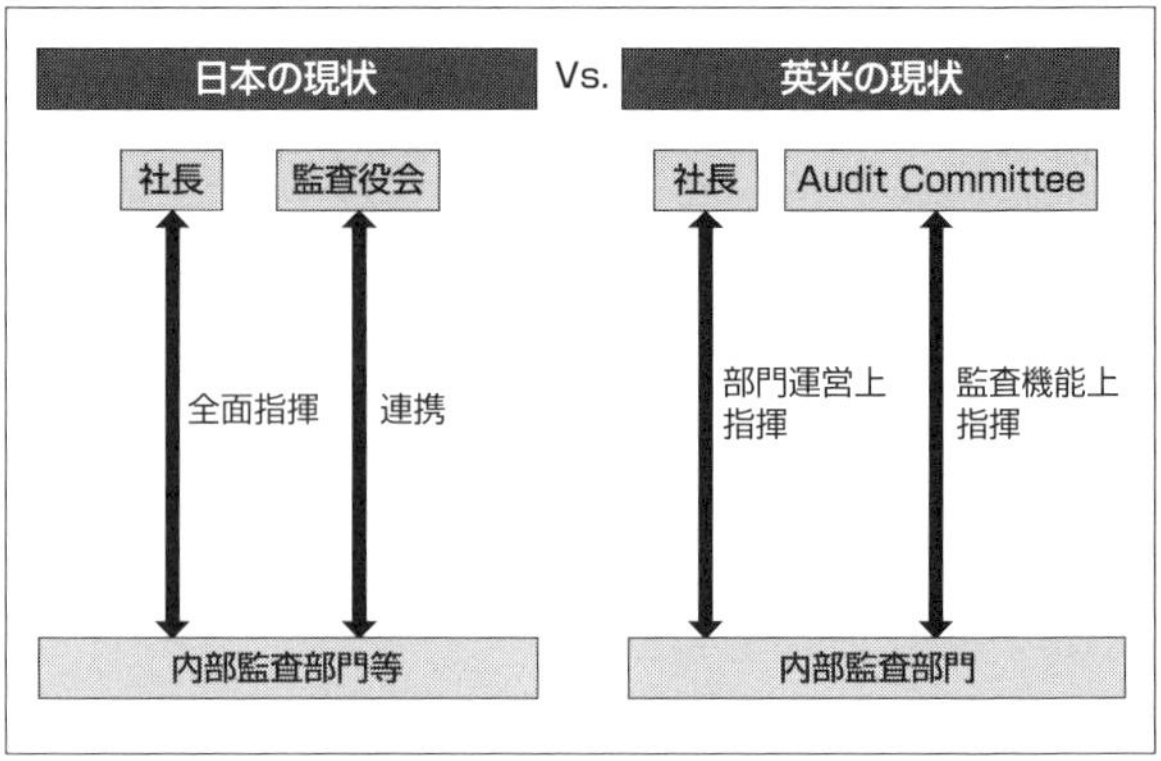

③監査機能上指揮する重要事項

監査役会は、内部監査の細部まで口を出すのではなく、重要事項について「監査機能上の指揮」をします。監査役会が関与する重要事項を社長の合意を得た上で取り決めます。

【参考】内部監査の国際基準1110が示している重要事項の例

・リスク・ベースの内部監査部門の計画を承認する。

・内部監査部門の予算および監査資源の計画を承認する。
・内部監査部門の計画やその他の事項に対する遂行状況について内部監査部門長から伝達を受ける。
・内部監査部門長の任命や罷免に関する決定を承認する。
・内部監査部門長の報酬を承認する。
・不適切な監査範囲や監査資源の制約が存在するか否かについて、最高経営者および内部監査部門長に適切な質問をする。

（4）監査役会と内部監査部門の真の「協働体制」構築

①定期会合の開催と緊密な意思疎通

常勤監査役・独立社外監査役・監査役スタッフ・内部監査部門長は、少なくとも毎月会合の場をもち、次のようなテーマについて緊密に意見交換します。

なお、英米の内部監査部門長は、Audit Committeeの常連メンバーになっているケースが多いようです。日本でも、すべての監査役会に参加させている会社も少数ですが出てきています。

◆協働の必要性確認

ガバナンス機能を担っている役割の認識を新たにして、なぜ両機関の協働が会社の持続的な成長にとって重要か、を確認します。

◆リスク認識の共有

特に、社長が、会社にとって許容できないのではないかと思われる水準のリスクを許容していないかを検討します。

◆年間監査計画の策定

年間監査計画策定時には、内部監査部門長が社長の意向や関心事を十分に聴取した上で、その意味するところを監査役と吟味します。監査役会が求める監査テーマ（例えば、取締役会の意思決定プロセス、コンプライアンス意識の社内浸透度など）を計画に織り込みます。

◆監査結果の聴取

報告書に記載されなかった事項、フォローアップすべき事項、社長に伝えること、取締役会へ伝えることなどについて話し合います。

◆情報交換

監査役会側からは、取締役会・経営会議など重要会議の審議結果、グループ会社監査役会の状況、会社法・上場規程の改定などの情報を提供します。

内部監査部門側からは、海外におけるガバナンスや内部統制の最新動向、グループ会社（海外子会社を含む）内部監査部門長会の状況などを伝えます。

②監査役会から内部監査部門への支援

◆内部監査の品質向上

個々の報告書を「経営の役に立っているか」の観点から評価します。

・3点セット（発見した課題、改善のための提言、監査対象部門からの改善措置の計画）が提示されているか？

・リスク度（H／M／L）の表示は？　評点は機能しているか？

国際基準で求められている継続的モニタリングと定期的自己評価の結果を聴取して助言するとともに、外部評価（少なくとも5年に1度）を受けるための準備を促します。

◆内部監査実施面での障害排除と改善提言のフォローアップ

監査対象部門の協力が得られていない場合、監査役(会)が必要な支援を行います。

◆予算・要員の確保

適切な人員の確保、部門員教育の予算確保などを、社長に進言します。

◆内部監査部門長および部門員の育成

監査役にとって、内部監査部門員は一番身近にいる大事な社員です。社外セミナーへの出席、他社との交流、ＣＩＡ（公認内部監査人）資格の取得などを促し、育成に努めます。

◆内部監査部門長への激励

内部監査部門長は、役目上孤独感を覚えることも少なくありません。監査役からの激励は何物にも代え難い励みになります。

5 おわりに―監査役時代の思い出―

私が伊藤忠商事(株)で常勤監査役に就任したのは、監査部長を終えた60歳のときです。当時の社長は私と同期の丹羽宇一郎氏（前中国大使）で、彼が経営企画部長のときは同部の部長代行として、社長の初期には監査部長として仕えてきましたので、お互いによく知った間柄でした。

監査役就任時に心に決めたことが1つだけありました。これからは社長を監視する役目になったので、社長と2人だけの食事や、2人だけの話し合いはやめよう、社内で誤解を招かないように外観上も独立性の維持に努めようということでした。彼の社長としての功績は今更繰り返すまでもありませんが、彼の真骨頂は、いくつもの強烈な言葉で社員をリードし、社内に新風を吹き込んだことでした。

「経営のモットーは、清く、正しく、美しく（Clean, Honest, Beautiful）だ」

「就任直後に、自分の社長任期は6年と社内・社外に宣言する（そうしておかないと退任できなくなる）」

「自分へのお目付け役は、監査役会と労働組合だ。監査役個人や組合委員長個人の意見ではなく、組織としての総意をどしどし言ってくれ」

「沈黙は会社への反逆だ（言うべきことを、言うべきときに言わないのは一番罪が重い）」

月1回の定期会合の場では、社長を常勤監査役3名が取り囲み、「あれができていない」、「これもだめだ」と存分に意見交換しました。あるとき「君たち（監査役）はいいな。言うだけだからなあ」とつぶやいていたのを鮮明に覚えています。そうです、監査役は「言うだけ」、社長は「やるだけ」が任務です。

お互いの立場を理解しつつ真剣に意見交換していましたが、いつも平穏ではありませんでした。ある人事案件に異論を口にしたときには、「それは個人の意見か」と厳しい反応がありました。「常勤監査役の総意です」と返したことがありました。その人事は結局、変更はされませんでしたが、彼なりに情報を集めて対応策を考えてくれたようです。

日本監査役協会の全国大会の講演では、「自分への牽制役は監査役会だ。それができる人を選んでいる」と話していました。

社外監査役は、メインバンクの元頭取と、大株主の生保会長でしたので、お2人の力も借りて、真剣に社長と対峙することができました。今、思い返せば、社長、同僚監査役、社外監査役に恵まれて、会社の難局の真っただ中で厳しくも充実した監査役時代を過ごすことができたのはこれ以上ない幸運でした。

元禄社の監査役が体験された過酷な境遇ほどではなくても、真正面から向き合うに値しない社長と対峙している監査役も少なくないかもしれません。会社の発展と社員の幸せのために、あの手、この手を駆使して社長に良い方向に向いてもらうのは監査役にしかできない仕事です。つらい仕事です。しかし、社内に代役を務めてくれる方は誰もいません。社外の仲間に勇気をもらい、自分を信じて監査役という大事な任務を果たしてもらいたいものです。

最後に、私の監査役時代の想いは、「社長と真剣に向き合って、思うところをしっかり伝えること」を臆することなくやり抜きたいということでした。次々と難しい仕事に挑戦する機会を与えて自分を育ててくれた会社、楽しい仲間と充実した年月を過ごした素晴らしい会社に対し、監査役として「恩返し」できるのはこれだと考えていたからです。そして、これが私にとっての監査役の「覚悟」でもあったのです。

第4章

監査役は機能しているのか
―東芝事件・CGコードが投げ掛けるもの―

第1部の元禄社の事例は、新興ベンチャー企業において、監査役が職責を全うしようとするとき直面する大きな困難を示しています。本章では、東芝事件とCGコードを題材に、大企業を含む日本の企業統治における監査機能の役割と実態、その実効化のための方策を考えます。

東芝事件では、「守りのガバナンス」を担う監査機能と監督機能が共に機能不全に陥っていた実態が明らかになりました。その重要な教訓は、ガバナンスが実効性をもつためには制度・運用・経営者資質（倫理観）の三位一体の改革・改善が必要なことです。

監査機能の中心を担う監査役制度に対しては、国内外からの批判と不信感が強く存在します。不祥事の事前予防という重要な役割を果たしているものの、いざという時の頼りなさは否定できません。そこには、第1部でも示された制度と実態との大きな乖離という共通の問題があり、その背景には経営トップから実質指名されているという人事的脆弱性の問題があります。

現在進行するCGコードを中心とする企業統治改革において、「攻めのガバナンス」と「守りのガバナンス」の両輪が不可欠です。CGコードに織り込まれている企業統治の貴重な知見や運用上のベストプラクティスを活用し、ここぞという時に経営者にしっかり物を言い、対峙する存在であることを示す事例を積み重ねていくことによって、監査機能の再生と不信感の払拭が可能となるでしょう。

注：本章において、特に断らないかぎり、「コーポレート・ガバナンス」と「企業統治」を同義として使用します。

企業経営が抱える問題は、大企業を含めた日本企業の多くに共通するものです。企業統治の優等生といわれた東芝において、なぜ経営トップが関与する不正を止められなかったのか。浮かび上がってくるのは「守りのガバナンス」を担う監査機能と社外取締役等の監督機能がともに機能不全に陥っていた実態です。ここでの重要な教訓は、ガバナンスが実効性を上げるためには制度・運用・経営者資質（倫理観）の三位一体の改革・改善が必要だということです。

そこで、監査機関（監査役等）がこれまでの日本の経営においてどう評価されてきたかを、自身の経験も踏まえて考えます。結論からいえば、社会的にもまた企業内においても強い不信感にさらされてきました。その背景に共通している問題は、監査役の人事的脆弱性の問題です。

一連の企業統治改革では、「攻めのガバナンス」が一面的に強調され、「守りのガバナンス（監査機能）」は軽視されてきました。そうではなく、コーポレートガバナンス・コード（以下、CGコード）などの〝守り〟に対する積極的側面を生かすことにより、監査機能を再生する方途を探ります。

1 東芝の不正会計は防げなかったのか

（1）東芝不正会計事件の衝撃の大きさ

日本を代表する名門企業である東芝の不正会計事件は、同社が早くから委員会等設置会社（現在の指名委員会等設置会社）を採用するなど企業統治の先進企業として知られていただけに、大きな衝撃を与えました。

２０１５年７月に公表された第三者委員会調査報告書で、本件が「経営トップらの関与を含めた組織的な不適切会計（経理不正）」であったことが明らかになりました。９月には過去７年分、総額２２４８億円に上る利益数値の修正を行い、東京証券取引所により、上場を維持しながら内部管理体制の改善を促す「特設注意市場銘柄」に指定されました。11月には「役員責任調査委員会」が調査報告書を公表し、元ＣＥＯ、元ＣＦＯの５人に法令違反（善管注意義務違反）があったと認定しました。これを受けて、同社はこの５人を相手に３億円の損害賠償を求める訴訟を提起しました。金融庁は証券取引等監視委員会の勧告に基づき、東芝に73億７３５０万円の課徴金納付命令を出しました。また金融庁は、会計監査を担当した新日本有限責任監査法人に３ヵ月の新規業務の停止を命じるとともに、監査法人に対し初となる約21億円の課徴金も課しました。米国子会社の巨額減損の隠蔽問題が発覚したこともあり、今後の展開はなお不透明で、現時点では未だ事件の全容は明らかではありません。

本章では、多岐にわたる問題のうち、企業統治における監査・監督機能の在り方にかかわる部分に限定して、提起された課題と教訓を考えていきます。

（注）企業統治における「監督」と「監査」は、ともに経営監視機能の重要な構成要素で、その定義にはさまざまな考え方があります。本章では、「監督」は業務執行者への業績評価を中心にした監視で主に取締役会が担い（人事権の行使を含む）、「監査」は適法性を中心にした監視で主に監

査役（会）が担うもの（人事権の行使は含まない）として、明確に区別しています。監査を含む広義の「監督」の意味では「経営監視」や「監査・監督」を用います。

（2）先進的な制度対応の陥穽―形式的整備の問題―

東芝は、2003年に早くも委員会等設置会社に移行し、社外取締役を4名に増員しています。執行と監督は分離され、社外取締役が過半数を占める3委員会で執行の監査・監督が行われていたはずでした。CGコードが目指すガバナンス体制を先取り的に実現していたといえます。

また、同社の内部監査部門である経営監査部は、準拠性監査（法令や社内規則に照らした違反の有無の点検と是正要望）にとどまらず、有効性・効率性の観点から業務領域さらには経営領域をも点検し改善提言を行う「経営監査」を主眼とする組織でした。部員の相当数が経営層予備軍で占められるキャリアパスと位置づけられていました。こうした経営監査部の在り方は、内部監査がエリート部門と位置づけられている米国を模範としており、内部監査部門の地位を高める先進的モデルの1つとして評価されてきたものです（ただし、監査部門がエリートの集まりとなることが本当に適切かはさまざまな議論があります）。当然ながら、従来型のコンプライアンス監査も業務目的に含まれていたはずですが、現実には軽視される傾向にありました。

さらに、金融商品取引法の内部統制報告制度では、本年に至るまでの7年間、経営者評価においては「開示すべき重要な不備はない」旨が、外部監査においては「無限定適正意見」が表明されてきました（問題発覚後遡及して「訂正内部統制報告書」が提出されました）。

このように、機関設計や制度対応に関しては、表面的には立派な体制が構築されていました。しかし、第三者委員会調査報告書では、経営をモニタリングする役割をもつ取締役会や社外取締役、監査委員会、経営監査部、会計監査人がいずれも有効に機能しなかったことが明らかにされています。構築したはずの「財務報告に係る内部統制」も有効に働きませんでした。形の上では整備は進んでいたが、実効性に欠けていた、すなわち制度（仕組み）と運用（実態）が大きく乖離していたということです。

（3） 実効性を確保する運用の問題

指名委員会等設置会社では、執行と監督を分離する趣旨から、取締役会は主に監督機関としての役割を担います。その監督の実効性を確保するために、社外取締役が過半数を占める3つの委員会（指名委員会、監査委員会、報酬委員会）が設置され、強い権限が与えられています。

しかし、同社の場合指名委員会は前CEOである会長と社外取締役2人が務める形が続き、しかも社外委員には学者や官僚OBが据えられて、実質的には会長が牛耳る形になっていました。

また、重要な監査機能を担う監査委員会は重大な欠陥をもっていました。すなわち、①社外委員の中に会計・監査の専門家がいないこと、②多くの場合、監査委員長には社内出身の元財務担当役員が就いていたこと、③監査委員会が依拠すべき内部統制システムとりわけ内部監査部門が経営監査に傾斜してコンプライアンス監査機能が軽視されていたといわれます。

監査・監督機能の実効性を阻害し、無力化する運用・仕組みが、おそらく意図的に組み込まれていたと思われます。また、②と③に関していえば、監査役制度とは異なる指名委員会等設置会社の監査の特徴、すなわち独任制ではなく内部統制システムに依拠する組織監査であることが、運用によって致命的な弱点に転化した悪しき事例といえます。社内出身の監査委員長に牛耳られ、内部監査部門からの十分な情報も得られない、しかも会計・監査の専門知識をもたない社外取締役中心の監査委員会が機能するはずがありません。社外取締役がいかに選解任権の行使を含む監督機能を発揮しようとしても、監査委員会からのコンプライアンス違反の兆候があるとの情報提供がないかぎり動きようがありません。

(4) 経営者の問題─経営者倫理、暴走への歯止め─

今回の不正会計には歴代の経営トップが関与しており、その責任はきわめて重いものがあるのは間違いありません。不祥事のたびに「究極は人（経営者）の問題」といわれ、経営者倫理の重要性が語られます。しかし、そこからどういう具体的解決策を引き出すかは、容易に正解が見つからない難しい問題です。

◆経営者主導の不正、内部統制（ガバナンス）の限界

従来から、内部統制の固有の限界の1つとして、「経営者が不当な目的のために内部統制を無視ないし無効ならしめることがある」といわれてきました。その理由は、経営トップが内部統制の構築・運用に関する判断を含めて強力な権限を有していることです。たとえ理不尽な指示・命

令でも、組織としての指示・命令となります。経営者が関与することにより、不正は組織ぐるみの実行となり、隠蔽は組織を守るための行動になります。ガバナンスに関しても同様で、経営トップが悪意をもって無視したり欺いたりすれば、社外取締役は完全に無力化せざるを得ません。

◆不正へ踏み込む分岐点―経営者倫理―

第三者委員会調査報告書が今回の事件の直接的な原因と指摘した、①当期利益至上主義と目標必達のプレッシャー、②上司の意向に逆らうことができないという企業風土は程度の差はあれ、どこの会社にも存在するものです。しかし、こうした条件をもつ企業の多くが不正会計に踏み込んでしまうわけではありません。

役員責任調査委員会調査報告書の下記の記述にも注目しておきたいと思います。

「いずれも個人的利益を図ったものでも、会社に対して特別に損害を加えようと画策したものでもない。（中略）競合他社に打ち勝って利益向上を図らなければならないという厳しい事業環境の中で、会社の枢要ポストに配置された者により会社経営の一環として行われた側面もあり、今後、請求すべき損害額の算定等においてそのような事情を考慮する余地があると思われる」

旧経営陣の心情を斟酌し過ぎた大甘の見方として、損害賠償請求額の少なさとともに、甚だ評判の悪い記述です。とはいえ、個人の利益でなく会社のためを思って行動した事情を考慮すべきという点については、当事者のみならず内々では心情的に共感する企業人は少なくないかもしれません。

しかし、今正しく求められているのはこうした「不正は会社のため」論を厳しく批判し、そこから訣別することです。経営者が不正に関与することが、結果的にいかに企業を危機に陥れ企業価値を致命的に毀損するかを認識すること。たとえ事業損失や経営判断の失敗が明るみに出ることによって自分たちの名誉や自尊心がいかに傷つけられようと、中長期的企業価値を守るために、誠実に情報開示を行い、財務報告の信頼性を損ねる不正は決してしないという経営者倫理を堅持し得るかが、不正に踏み込むか否かの決定的な分岐点になります。

そして、監査役等の監査機関の重要な任務は、常に企業経営にとっての経営者倫理の重要性を訴え、それに反する言動がある場合は直ちに警告を発し是正を求めることにあります。

◆内部告発と内部通報

経営者倫理の重要性は理解したとしても、どんな優れた経営者であっても状況次第では不正に走る可能性があるとした場合（性弱説）、いかなる歯止めが可能でしょうか。そもそも委員会制度などのガバナンスはそのための装置であるわけですが、ガバナンスや内部統制が意図的に無効化されたときには、残念ながら最後は内部告発しかないというのが、今回の東芝事件の苦い教訓かもしれません。しかし内部告発は真実を明らかにする上できわめて有効ですが、いきなり外部に持ち出されることにより不祥事として世間の耳目を集め、結果として企業価値の一定の毀損は免れ得なくなります。そうではなく、企業内の自浄能力を発揮して、まずは組織内で問題を解決できるようにすべきなのは言うまでもありません。そのために、実効性ある内部通報制度の整備に平時から真剣に取り組むことが、企業価値を守る上で最も有効かつ喫緊の課題となります。

(5) 制度と運用と経営者資質(倫理観等)の三位一体の改革・改善が必要

東芝事件を始めとした不祥事に関する議論は、過剰に厳しい規制を求める制度論(事件が悪法を作る)や現実から遊離した対策を総花的に羅列する「あるべき論」とか精神主義的な「経営者けしからん論」等についつい流れがちです。そうではなく、経営者関与の不正を実効的に防ぐためには、「コーポレート・ガバナンスは、制度とその運用と経営者の資質(倫理観等)の三位一体の改革・良化がなくてはならず、どれが欠けてもうまくいかない」(今井祐『経営者支配とは何か』文眞堂、2014年)という、ある意味当たり前ともいえる教訓に立ち返ることが大切です。もちろん、これですべての不正を防ぐことは難しいとしても、リスクを大幅に減らすことは可能なはずです。

第1部でみた元禄社の事例は決して特殊な経営者が引き起した特異な事案でなく、程度の差はあっても、日本の経営にしばしば起こりがちな問題であり、また千葉監査役が置かれた立場や監査環境も必ずしも特別なものではなく、多くの監査役が直面する可能性があります。

千葉監査役の経験が明らかにしたのも、制度的建前と実態との乖離であり、その中で監査役は大きな困難と闘わざるを得ないという現実でした。こうした乖離の実態は会社法の条文や解説書を眺めているだけでは決してわからず、東芝のような不祥事や千葉監査役の覚悟をもった闘いによって初めて明らかになるものといえます。

2 監査役に対する不信の構図

それでは、東芝事件でも改めてその重要性が注目されている監査機関は、これまでの日本の経営においてどう評価されてきたのでしょうか。日本企業の大部分が採用している監査役（会）設置会社についてみていきますが、多少の差異はあっても、指名委員会等設置会社や新設された監査等委員会設置会社の場合も共通した問題が多いと考えられます。

（1） 監査役制度への不信―社会的不信―

日本企業の業績の低迷と企業不祥事の頻発等を受けて、監査役制度への抜き難い不信感が国内外で高くなっていたというのが、ここ数年の実状です。幾度もの法改正で監査役権限が強化されたにもかかわらず、期待された役割を果たせていないとして、存在意義そのものに疑問が投じられました。一部では「監査役制度の終焉論」が語られることさえありました。これらのことが、近年の一連の企業統治改革の重大な誘因の1つになったといわれています（社外取締役導入や監査等委員会設置会社の新設）。

しかし、その背景には日本型経営から米国式経営へ、コンプライアンス主眼の監査機能重視から成長性・収益向上主眼の監督機能重視へ、というより大きな転換が進行していた点に留意が必要です。すなわち、「監査役制度」への批判は監査機能自体の軽視の表れでもあったとみることもできます。

監査役制度への不信感の要因としては、下記の点が指摘されてきました。

①議決権をもたない（経営トップの解任権がない）

②海外投資家から理解されない（日本独特の制度である）

③人事的独立性に欠ける（監査対象である経営トップから指名される。内部者意識が払拭できずに客観的監査ができない）

しかし、①に対しては議決権をもたない＝決定に参加しないことが、独立した監査機関としてはむしろ強みであるというべきです。また②に対しても、企業統治方式としては英米の「一層型」やドイツの「二層制・垂直型」に対して、日本の「並列二層型」はオランダ、イタリア、ポルトガルなどの欧州諸国や中国、台湾などのアジア諸国にもあり、決して日本独特ではないことが明らかにされています（内村健「現場から見たコーポレート・ガバナンス・モデル論」企業会計、2015年4・5月号）。最も根本的で、反論が難しいのは、③の人事的独立性の欠如です。確かにこの問題を放置していては、監査役制度への不信感を完全に払拭することが難しいのは間違いありません。

（2）企業内での監査役への不信感―個人的経験を踏まえて―

企業の中でも監査役に対する不信感が相当程度存在することも否定できません。とはいえ、経営者と従業員では不信感の内容はまったく異なります。個人的な経験事例も交えて考えたいと思います。

①経営者の不信感―本気で権限を行使する監査役への警戒感―

多くの経営者にとって、社内を監視して不祥事の発生を予防してくれるかぎりにおいて監査役は有用で頼もしい存在です。しかし、その監視の目が自分に向けられ、自由な経営権の行使が縛られることには強い警戒感をもっています。監査役が本来もっている権限の怖さを最もよく知っているのは経営者でしょう。したがって、経営トップに不適切な問題が発生したときに、本気になって問題を調査し、是正を求め、最終的には違法行為の差止請求権を行使するような人物を監査役には選ばないのが普通かもしれません。第1部の元禄社のように、監査役に対して隠しておきたい「秘匿事項」がある場合、千葉監査役のように不正の兆候として徹底的に追究する監査役は最も忌避される存在となります。

ここで生じる経営者と監査役相互の不信感やそれに伴うさまざまな軋轢は、監査役が本来の職責を全うする上で、避けられないものです。それを自らの責務として引き受けるのかあるいは避けて通るのかが、「監査役の覚悟」が問われる重要なポイントとなります。

②従業員の不信感—頼りにならない存在—

従業員が抱く監査役への不信感も深刻です。彼らが、本来監査役に期待するのは、社内で絶大な権力をもつ経営トップに起因する諸問題に関して、物言えない役職員に代わって経営トップに意見具申し、是正に向かわせることです。それは、トップ主導のプロジェクトの不具合の場合もあれば、成果主義人事制度導入に伴う労務管理上の問題、不払い残業代等の労働コンプライアンス問題等多岐にわたります。しかし多くの企業の従業員にとっては、監査役は経営者に代わって自分たちを監視するような存在であって、残念ながら自分たちが抱く切実な問題を解決してくれる味方とはみなされていないのではないでしょうか。端的にいえば、「いろいろうるさいことはいうが、肝心な問題は採り上げてくれない、頼りにならない」存在ということになります。会社法改正の検討段階で話題となった「従業員選任監査役制度」が提起された背景には、監査役の監査の実態に対する従業員の不信感が存在していたことも忘れてはなりません。

③監査役の立場の脆弱性の表れ—任期の問題—

監査役が従業員の目に頼りにならない存在に映るのは、やはり監査役が監査対象である経営トップから指名されており、選んでくれた人には本気で立ち向かえないだろうと見透かされているのが大きな原因です。それが顕著な形で表れるのが、監査役の任期が法律の定めた4年でなく、経営トップや人事担当役員の意向で、容易に変更される点です。とりわけ、親会社が人事権を握っている子会社や関係会社の場合は、任期途中で交代する事例が当たり前のように頻発します。

また選任（交代）の基準も、監査役に適格かどうかではなく、経営トップにとって都合がいい人物かどうかとか人事ローテーションの都合等の理由に左右されるケースが多く見受けられます。こうした、監査役の人事的脆弱性が社内外からの不信感の要因になっているのは間違いないでしょう。

◆子会社監査役の人事的脆弱性—自身の経験から—

自分の経験からも、子会社監査役の職務を全うしようとすればするほど、親会社担当部門や当該会社の執行部からは、「物を言い過ぎ、監査をやり過ぎる、目障りな監査役」として、忌避され、短期で交代させられるリスクを負うことになります。自分の場合は、前任者の残り任期2年を務めて一応任期満了となり、次の人事案の同意を行う監査役会の直前に突然再任しないとの通知がありました。年齢や在任期間を勘案すると子会社役員としては異例な人事であったと考えざるを得ません。しかも、この人事は、グループ監査役の中核であり、日頃から各子会社監査役の活動状況を把握している親会社監査役がまったく関知しないところで決定されていました。そこで、企業人としては異例かもしれませんが、親会社に異議申立てを行いました。そして、こうした子会社監査役の恣意的任用への歯止めとして、子会社監査役の地位の安定確保のための2つの改善策を親会社執行側に提案しました。

①任期途中で就任の補欠監査役を含め、最短4年任期の保証（少なくとも常勤監査役は必須）

②関係会社監査役人事への親会社監査役会の関与

詳しい経緯は省略しますが、親会社監査役に間に入っていただき折衝した結果、執行部と一応の合意が得られて、完全な形ではありませんが提案は今後に生かされることになりました。改善策を提案する際に、自分の処遇に関して条件闘争をするつもりはまったくないことを明確にしていましたので、会社生活からは完全にリタイアしたという次第です。

（3） 批判をどう受け止めるか

こうした内外からの不信を監査役側はどう受け止めるべきでしょうか。2つの側面から考えることができます。

①目に見え難い予防効果、常勤者が果たしている重要な役割

第1の肯定的側面は、監査役が現実に果たしている役割が目に見え難いことからくる誤解で、これに対しては正しい認識を広げる努力が必要です。

社会的には、不祥事発生時など企業の有事対応に注目が集まりがちですが、実はより重要なのは平時にガバナンスや内部統制が有効に機能しているかどうかです。監査役の任務の大半は、重要会議での発言や往査による問題指摘等を通じて不祥事を事前予防することであり、実効性ある内部統制の構築と運用のための助言と改善提言を行うという日常的な活動の積み重ねです。これらは、重大な問題が起こらないことが成果であり、目に見える形ではその功績は表れませんが、非常に重要な役割を果たしています（これらの役割を社外取締役が担うことができないのは明瞭

です）。第1部の元禄社の千葉監査役は「物言う監査役」として有名になりましたが、「物言う監査役」は決して千葉監査役だけではありません。多くの監査役が日常的に自ら収集した事実に基づき、経営トップに対して助言や提言、ある場合は強い「勧告」の形で「物を言い」、そのことによって不祥事を予防していることをぜひ知ってもらいたいと思います。

②いざという有事での「頼りなさ」―制度上の権限の実効性欠如―

第2に、もう1つの否定的側面もみておかねばなりません。いざという有事に監査役に期待される職責を果たす上での「弱さ」「頼りなさ」が存在することは否定できません。

第1部でみた元禄社の千葉監査役の経験が示したのは、制度と実態との乖離の中での苦闘の足跡でした。制度的には絶大な権限を付与されているはずの監査役が、経営トップの言動に不正の兆候を感知したときに本気で職責を全うしようとすると、いかに深刻な困難に直面するかということです。経営トップが経営支配権を駆使して監査を妨害しようとする場合、監査役がもつ業務調査権や取締役会での意見陳述権、さらには監査費用請求権や会計監査人から報告を受ける権利も容易に無力化されるというのが残念ながら現実でした。そこで元禄社に限らず、多くの監査役はトップに迎合するか、見て見ぬふりをして実質容認するか、あるいは辞任を選択するケースがほとんどだと思われます。そして、それでも千葉監査役のように本気で真実を追究しようとすれば、さまざまな嫌がらせを受け、最後は解任決議を総会に提出される。それに対抗しようとすれば「訴訟」まで持ち込まざるを得なくなり、時間、労力その他多大な犠牲を覚悟しなければならないのが厳しい現実です。

3 ガバナンス・コードで監査役は再生するか

千葉監査役の覚悟の闘いはきわめて貴重なものですが、本気で職務を全うしようとすると多大な犠牲を覚悟しなければならないとすると、監査役のなり手は見つからなくなり、またなっても本気で職務を全うしようとはしないでしょう。とすると、こうした多大な犠牲を払うことなく監査役が責務を全うし得る条件を作る必要があります。現在進行中の企業統治改革とりわけCGコードが、その条件作りを促進し、もって不信の構図の打破を可能とするものなのかを、検討したいと思います。

(1) CGの積極的側面を生かし、守りのガバナンスを充実強化

2015年は改正会社法が5月に施行され、6月からCGコードの適用が開始されたことから「企業統治改革元年」といわれています。急速に改革が進展した正にその年に、「東芝事件」や「東洋ゴム事件」を始めとした企業不祥事が頻発したことはまことに皮肉な出来事といわざるを得ません。

一連の企業統治改革の特徴は、成長戦略の旗印の下での、日本企業の稼ぐ力の回復のための「攻

めのガバナンス」の強調であり、それを監視する社外取締役等による監督機能（業績チェック）の強化にありました。

本来「攻めのガバナンス」と「守りのガバナンス」の両輪が不可欠であり、「攻めのガバナンス」（積極果敢なリスクテイク）を保障するためにこそ「守りのガバナンス」（周到なリスク管理）が必要となり、「監督機能」（経営者の業績評価）を有効に機能させるためにこそ「監査機能」（経営情報の真実性のチェック）が必要だったはずです。しかし、残念ながら「守りのガバナンス」やその要である監査機能は後景に追いやられていたのが実状です。

とすると、こうした一連の企業統治改革の流れの延長線上に位置するCGコードの諸原則、すなわち近時声高に主張されている「社外独立役員の増員」、「モニタリングモデルによる監督と執行の分離」など「攻めのガバナンス」の側面の推進だけでは、監査機能が再生することは困難であると言わざるを得ません。

一方で注目する必要があるのは、CGコードに織り込まれている世界各国で蓄積されてきた企業統治の貴重な知見や運用上のベストプラクティス（実務上のガイドラインとなるモデル的な手続き）には有用なものが多々含まれていることです。また、一連の企業統治改革が目指してきた「内向き志向の共同体的経営からの転換」は「攻め」のためにも「守り」のためにも不可欠な施策を多く含んでいます。それらを活用して、実効的な仕組みづくりや運用の改善を主体的に行うことによって、今までみてきた監査役制度の最大の問題点である「建前」（制度上の強大な権限）と実態（いざというときの無力性）の乖離を克服する可能性が生まれてきます。ひいては、多大な犠牲を払うことなく監査役が責務を全うし得る条件を作ることができるでしょう。そして、経営倫理の守り手としての監査役が、ここぞというときに経営者にしっかり物を言い、対峙する存在であることを示す事例を積み重ねていくことによって、監査機能の再生と不信感の払拭は可能となるというのが、標題の問いへのひとまずの回答となります。

（2）CGコードのもつ多面性

2015年6月から適用が開始されたCGコードは、ここ数年進行した一連の企業統治改革の中にあって、非常に大きな影響を企業経営に与える可能性があります。CGコードには大きく分けて3つの側面があり、その区別と関連を理解することが肝要と思います。

第1は、アベノミクスの成長戦略の一環として「政治主導」で制定されたという側面です。ここからは、「日本企業の稼ぐ力の回復」とそのための「攻めのガバナンス」による企業収益（ROE）の向上がキーワードとなります。その前提となる問題認識は、日本の株式市場および日本企業の収益力（ROE）と国際的地位の長期低迷こそが日本経済の最大の問題であり、それらは日本の企業統治の欠陥に起因するというものです。ただし、企業統治改革と成長戦略を短絡的に結び付ける議論には疑問視する声もあります。

第2は、日本的経営から米国型経営への転換を志向している側面です。ここからは、「執行と監督の分離（モニタリングモデル）」、「社外取締役の本格活用」や「投資家との対話」がキーワードとなります。その前提となる問題認識は、日本の企業統治がグローバル・スタンダード（実は米国モデル）から大きく立ち遅れており、それが日本の株式市場への海外投資家の参入を妨げ、株価の低迷をもたらしているというものです。ただし、日本的経営すべてを否定して米国式経営を導入することが、日本の組織文化の中での最適の選択かについては議論の余地があります。

第3は、CGコードの中には世界90か国以上で蓄積されてきた企業統治の知見とベストプラクティスが反映しているという側面です。ここからは、「持続的な成長と中長期的な企業価値の向上」「株主を始め顧客・従業員・地域社会等のステークホルダーの重視」や「制度を機能させるためのさまざまな仕組みや仕掛け」がキーワードとなります。その前提となる基本認識は、形式ではない実効的な企業統治の実現こそが求められていること、何より重要なのは、提起された諸原則を主体的に受け止め、実践化するとともに説明責任を果たすことです。

「攻めのガバナンス」や「2人以上（さらには3分の1以上）の独立社外取締役の選任」「モニタリングモデル」などについつい注目が集まりがちですが、本当に重要なのは国際的に蓄積された企業統治にかかわる貴重な知見やベストプラクティスを自社の状況を踏まえていかに主体的に経営に生かすかという点にあります。

（3）一連の企業統治改革で日本の経営の何が問題とされているか

今回の企業統治改革の背景には、日本の企業統治は大きな問題を抱えており、それが日本企業の業績の低迷を招いたとの認識があります。それでは、日本企業の経営の何が問題とされたのでしょうか。会社法改正のための審議会の部会長を務めた岩原紳作東大教授（当時）の次の発言がそれを明らかにしています（『月刊監査役』、２０１３年1月号）。

「日本企業は思い切った経営政策の意思決定が難しく、外国企業と比べて収益力、すなわちＲＯＥやＲＯＡが明らかに低くて、株価が海外より低迷しているのは、株主利益より従業員集団の利益の方が優先されるために、会社利益を第一とする果断な意思決定が難しく……、日本企業のコーポレート・ガバナンスの在り方に問題があるためではないか」

「不祥事等をチェックすることを主眼とし、コンプライアンスを主眼としてきた、かつての監査役制度の強化だけでは不十分だということ」

こうした発言が示すのは、一連の企業改革のターゲットは下記の点であったことです。

◆日本企業のパフォーマンスの向上

従来の企業統治法制の改正の目的は、企業不祥事・コンプライアンス違反に対して、監査役権限を始めとした規制の強化でした。ところが、今回の基本的方向はまったく異なります。問題の出発点は、日本企業の低収益性（ＲＯＥ）であり国際競争力の低下です。したがって、改革のターゲットは日本企業のパフォーマンス（稼ぐ力）の向上です。

◆内向き志向の共同体的経営からの転換

そこで、問題にされたのがいわゆる「サラリーマン共同体経営」といわれる日本的な経営の在り方で、下記の転換が目指されました。
①従業員・経営者の利益を優先して、株主の利益を軽視する「内向き志向の経営」からROE、株主・投資家重視の経営に転換すること。
②リスクをとらない守りの経営に陥っている経営者マインドを変えて、積極果敢にリスクテーキングする攻めの経営へ転換すること。
③経営者選抜の在り方として、前任トップの専権的指名による内部者の昇格システムから、社外者の監督の下での透明性をもった選解任システムへ転換すること。（役員の育成・選抜制度、役員報酬制度改革）

いずれも日本の経営者の在り方が正面から問題にされたことが大きな特徴です。そして、これらの転換を保障するためには内部論理に囚われない独立した外部者の目が必要として、社外取締役による監督機能の充実が最優先課題とされました。ここで重要なことは、これらの転換は主に攻めのガバナンスによる企業収益向上の実現の観点から必要とされたものですが、これらのうちで特に「内向き志向の共同体的経営」を克服することは、守りのガバナンスを強化し、企業経営の透明性と健全性を高める意味でも非常に意義があるということです。

（4）内向き志向の共同体的経営がもたらす病理―経営の私物化―

内向き志向の共同体的経営が、とりわけトップの座に長くいる「ワンマン」経営者と結び付いたとき、「経営トップによる経営の私物化」という病理現象として現れます。

①トップ経営者のワンマン・オールマイティ化、権限の過度の集中。

②トップと取り巻きグループによる恣意的人事の横行、物申す気概のある幹部や社員の排除。

③それらを許す内向き思考で権威主義的な組織風土。自由闊達に物が言えない雰囲気。

④組織の活性および社員のやる気の阻喪、結果としての業績悪化。

私物化とは会社「機関」としての経営者が守り発展させるべき中長期的企業利益を忘れ、個人および取り巻きグループの利益を優先することです。私物化の対象は古典的な会社財産に限らず、「人事の私物化」や個人の報酬、地位、名誉や野心を企業利益より優先させることも含まれます。内向きに閉じられた組織の中では、権威主義や事大主義に助けられて、「会社の常識は社会の非常識」になりがちです。これらのことは、企業統治改革が問題にしてきた企業業績の低迷をもたらすと同時に経営の透明性と健全性を阻害し、企業不祥事の重大な温床となる大きなリスクをもたらします。こうした病理現象は、日本企業の中にあって決して珍しいことではなく、広範に存在しているとみて間違いないでしょう。

（5）CGコードを生かしたベストプラクティスの実践

一連の企業統治改革やCGコードの積極的側面を活用することによって、形式だけでない実質的な監査機能の再生が可能となります。そのためには、制度と運用と経営者資質（倫理観等）の各面からの具体的な取り組みが不可欠です。主として、下記の諸点が重要と思われます。

①社外取締役の監督機能と監査役の監査機能が相乗的に機能するための仕組み
・いかなる機関設計においても常勤者を確保すること（情報の収集・提供の役割なしに監査機能も監督機能も働かない）
・非業務執行役員間の連携等の主体的工夫（定期的会合、情報共有）
②監査・監督者の経営トップからの人事的独立性の確保
・任意の諮問委員会を活用して指名・報酬に独立社外取締役が関与することによって、少なくとも経営トップの独断による指名の回避
・監査役の選任に際して監査役会が実質的に主導権をもつ（同意権にとどまらず会社法で付与されている選任提案権を積極的に活用）
・いかなる機関設計においても監査での独任制を極力尊重する
③会計監査人・内部監査部門との連携
・いかなる機関設計においても監査役（監査委員等）が三様監査の要となる（三様監査会議の主宰）
・内部監査部門のデュアルレポート体制（執行側&監査役）の確立
④監査役の研鑽、トレーニング体制の整備による監査技量の向上
・監査役会の評価制度の導入（自己評価、第三者評価）
⑤実効性ある内部統制評価への取り組み
・金融商品取引法と会社法の内部統制制度の運用の統合（制度的統合への準備）

これらを、制度改正も展望しつつ、まずはベストプラクティスの実践として地道に取り組むことによって、監査機能（監査役）の再生への道は切り拓かれるはずです。

4 株主との対話の場としての株主総会―OBとしての覚悟―

私は化学会社に長年勤務して、内部監査部長を最後に定年退職し、子会社監査役を2年間務めた後、リタイアしました。現在一般社団法人監査懇話会に所属して、企業統治や監査論の勉強を続けています。内部監査時代に携わった内部統制報告制度への対応と子会社常勤監査役の経験から、企業統治、内部統制や監査の重要性を学ぶとともに、形だけではなく実質としてそれらを機能させることの難しさも痛感しました。形式的整備の裏には、一方で些末なエラーに拘泥する「過剰統制」があり、片や真に重要なリスクに対する機能不全が潜んでいます。東芝の不正会計事件は、どんな企業にも起こり得るものであり、正しく他山の石として教訓を学ぶ必要があります。

出身会社においても、他社と同様にさまざまな企業統治や内部統制にかかわる課題を抱えています。そこで、私はOB株主として、株主総会に4年連続で出席して、事前質問状に基づいてガバナンスに関するかなり手厳しい質問を行ってきました。ちなみに、2015（平成27）年の総会では、①昨年新設したばかりCEO・COO制をなぜわずか1年で止めたのか、②（社外取締役に対して）7社も社外役員を兼務していて本当に責務を果たせるのか、を質問しました。

こうした行動に対しては、セレモニーに過ぎない総会でまともに質問をしても適当にやり過ごされるだけで意味がないとする意見もあります。また経営者にとって触れてほしくない質問や手厳しい意見を述べれば、「特殊株主」扱いされブラックリストに載ることも覚悟しなくてはいけません。日本の企業風土では、OBが「お世話になった」会社に対し批判めいた言動を行うことは「裏切りであり、けしからん」とする雰囲気が今なお残っているのも現実です。

それでもあえて質問を行うのは、社内外の多くの人が心の中で疑問に思いながらも表に出し難い重大な問題を、会社の最高機関たる総会で問い質すことにより、経営トップに対する牽制効果を働かせ、ひいてはガバナンス・組織風土の改善を促すことによって、お世話になった会社の中長期的企業価値の向上にささやかながら寄与できればとの願いからです。

監査役、特に常勤者は、内部者として内部事情に通じている利点を生かしながら、外部者の如く客観的、独立的な視点から監査を行います。OB株主も似たところがあり、内部事情に通じているがゆえに本質をついた的確な質問が可能となる一方で、現役社員のようなしがらみや保身に囚われることなく、自由な立場から質問することができます。そのことが、総会での質疑を豊かなものにし、総会の活性化に寄与するとともに、CGコードにいう「株主との建設的な対話」を実現する一歩となり得ると考えます。

さまざまな反発や批判はあるかもしれませんが、企業価値の向上のために、今後も継続的に手厳しい質問を続けること、それがOBとしての私の大切な「覚悟」です。

第5章

監査役の法務

元禄社における千葉監査役の闘いは、壮絶そのものでした。経営陣から徹底して阻害され、社内の顧問弁護士からも助力を受けられず、それでも、監査役の理念から闘い続けた千葉監査役は、現代のドン・キホーテといっても過言ではありません。

筆者は、そんな千葉監査役を法廷闘争の途中から、サポートすることになりました。千葉監査役が元禄社に対して求めた費用請求事件について判決が出れば、会社法388条のリーディングケースとなるものでした。当初の裁判官は、原告の想いによく耳を傾けていただき、千葉監査役とともに大いに喜んだものです。それは、結論がたとえ千葉監査役にとって苦いものであったとしても、監査費用請求を通じて監査業務実務に一石を投じると考えたからです。残念ながら、千葉監査役の願いであった判決を得ることはできませんでした。

千葉監査役の闘いは、監査役の覚悟なくしてあり得ないものです。では、監査役に寄り添った弁護士の覚悟は何か。本章は、その一考察です。

注：本章において、カッコ内のアラビア数字は、特に断らないかぎり、会社法の条文数を示します。アラビア数字に続くローマ数字は項数を示します。

1 監査妨害とは

(1) 会社法における監査の位置づけ

監査妨害とは、監査役の権限行使を妨げる一切の行為をさします。その妨害の態様は作為もあれば不作為もあります。例えば、決算書類に手を加える、決算書類に触れさせない、監査役の要求を無視する等です。

監査役の職務は、原則として、取締役の職務執行を監査することであり（３８１）、ここに、監査とは、取締役の職務執行を監督調査することを意味します。

監査の範囲は、原則として、取締役の職務内容である業務に係る監査（業務監査）と会計に係る監査（会計監査）に分けられます（３８９Ⅰ・Ⅶ）。業務監査に関しては適法性監査に限られ、妥当性監査には及ばないという見解が多数です。これは経営の専門家である取締役の判断に対する敬意の表れと捉えることができます。

株式会社では、永続的な営利追求を可能とするために、機関が分けられています。すなわち、会社の事業展開を可能にする出資者の集団で実質的オーナーである株主からなる株主総会には、会社経営上の基本的事項だけを定める権限ならびに役員選任解任権を与え（３２９Ⅰ、３３９Ⅰ）、会社の経営をその道の専門家である取締役の集合体である取締役会に委ねています（取締役会設置会社の場合）。

営利を確実に確保するためには、英知を集め、迅速に決定・執行することが求められるので、取締役会には、広範な権限が与えられています（362Ⅱ・Ⅳ）。

経営者に人を得て、適切な利益追求活動が行われ、株主に適切な配当をできれば、問題はありません。しかし、法は、このような楽観主義には立っていません。取締役会の暴走を経営に素人である株主による制御に委ねることはできないでしょう。そこで、法は、取締役の職務執行を専門にチェックする機関として、監査役、監査役会、会計参与、指名委員会等設置会社における監査委員会、会計監査人、監査等委員会設置会社における監査等委員会を設けました（326Ⅱ）。中でも、中心的な機関は監査役です。

監査役が、取締役の職務執行を適切にコントロールすることにより、初めて、適正な業務執行による株主の利益が確保されるのです。

監査役がその職責を果たすため、法が認める権限は、①各種機関、構成員等に対する報告請求・業務財産調査権（381Ⅱ）、②子会社調査権（381Ⅲ）、③取締役会（常務会・経営会議等）への出席・意見陳述権（383Ⅰ）、④計算書類・業務報告書・その付属明細書の監査権（436Ⅰ）、⑤監査報告書の作成権（381Ⅰ施行規則129、計算規則122・127）、株主総会への違法または著しい不当事項の報告権（384）、⑥費用請求権（388）等があります。

法は、このように、監査役に各種の権限を与えています。そして、株式会社の機関設計については、法は、権限分立を軸としています。しかし、現実の監査妨害に対しては、とりわけ、非常識な監査妨害に対し、法は意外に非力なのです。

（2）監査妨害に対する監査役の対抗手段

通常、監査妨害に対して法が予定している監査役の対抗手段は、問題行為を行っている取締役へ働きかけ、取締役会を通じて問題行為を規制し、あるいは株主総会への報告を通じて、取締役の不適切な行為の是正を図ることです。

しかし、現実は、そうではありません。オリンパス社や東芝といった日本で超優良企業とされた会社においても、不正な会計が行われました。

同じく上場企業であった元禄社における監査妨害、監査役個人に対する人格攻撃は、度を超えたものでした。社長の意を受けた取締役から構成される取締役会で監査役が発言しても、まともに取り上げられることがありません。監査役会も社長の圧力により、1人辞め2人辞め、という状態の中で、監査役の盾となることができません。会社の顧問弁護士も、経営者サイドで活動するため、監査役にとっては、敵になることはあっても味方になることはありません。監査役はまさに孤立無援の状態です。

かかる状況の中で、監査役がとれる1つの対抗手段は、社外に助力を求めることです。具体的には、弁護士や公認会計士、日本監査役協会等の団体です。

(3) 元禄社での監査役の闘争

元禄社における監査妨害の態様は、会計帳簿を含めた決算書類の隠匿・開示の拒絶、会社内への立入妨害、違法な疑いのある業務に係る書類に対するアクセスの妨害、取締役会出席時の顧問弁護士も一緒になっての監査役に対する詰問、監査役への強烈なライトの照射、あてつけがましいビデオ撮影、取締役会での監査役個人の人格に対する恫喝、監査役家族への恫喝、経営会議への出席拒絶等です。

こういう状況では、会社法施行規則105条2項が定める監査役の取締役等に対する融和促進規定は何の役にも立ちません。

経営陣と監査役が真正面からぶつかり、孤立無援の中で千葉監査役が依頼した弁護士がとった対抗策は、①会社から提出された監査役解任議案(309Ⅱ)に対し、解任議案の差止を求める仮処分の申立てでした。

このときは、裁判所の説得に従い、会社が解任議案を取下げました。この時点では、弁護士は、監査役の地位確保に大いに貢献しました。

次に、弁護士は、②株主総会で新たに選任された監査役の独立性に疑問があり、かつ、決議の手続きに瑕疵があるとして、総会決議取消の訴えを提起しました(831Ⅰ)。しかし、その後、開催された臨時株主総会で、千葉監査役が解任されたため、上記訴えは当事者適格なしという理由で却下されてしまいました。

また、弁護士は、③これまでの訴訟活動や千葉監査役の会社に対する活動の助力を内容とする、監査費用弁済請求訴訟を提起しました。この訴訟は最終的には和解で決着しました。上記のような会社に対する争い方で、ポイントは、落とし所をどこに求めるか、という点であろうと思います。

おそらく、弁護士は、法廷闘争を通じて、会社側を押し込み、その圧力で、会社のガバナンスを正常な形にしたいと、争ったものと思われます。そして後述する弁護士費用は、監査業務に必要な費用として、会社法388条により会社に支払わせる、もって、苦境に陥っていた千葉監査役の監査役としての使命を果たす、という戦略であったものと思われます。

この間、弁護士は、無償で活動しており、本件のようなケースでは、使命感がなければできないことであり、この点については敬意を表します。

他方で、千葉監査役と弁護士との間で、株主総会開催に先立つ検査役選任の可否、千葉監査役が当事者適格を失うリスクヘッジとして監査役自身が株式を取得することの要否、ホームページ開設の要否等について、必ずしも十分なコミュニケーションが確保できなかったことが、依頼者と弁護士間の望ましい在り方を考える上で、課題を残したものと思われます。

中でも本件のように、会社と監査役の利益が先鋭的に対立している場合、総会の決議手続きが公正に行われるか否かの点については相当の疑義があるところから、事前に裁判所に検査役の選任を申し出ることが望ましいでしょう（この点、現行法上、監査役には固有の総会検査役の選任権が認められていない（306Ⅰ参照）ので、監査役が独自に協力株主を探し出す必要があります）。また、「解任されることはない」という弁護士の主張は、監査役に対する道義的な励ましとなっても、客観的なリスクヘッジを確保するという観点から、やはり、株主となっておくことも、必要であったと思われます。かかる意味において本件は、私たち弁護士にとっても多くの示唆に富んでいます。

2 株主総会での発言の権利

法は、監査役に株主総会での発言権を認めています（345Ⅰ・Ⅲ、384、314）。しかし、この権限を過大評価することは危険であることを教えてくれたのが、今回の千葉監査役と元禄社間の争いです。

今回、千葉監査役は、自己の解任決議案が上程された株主総会において、自身に解任事由がないこと、会社の経営の在り方が歪んでいることを、出席株主に訴えました。その結果、出席株主の多くの方からは、支持を受けましたが、解任決議は圧倒的多数で承認されました。なぜなら、多くの株主は、総会開催に先立ち、委任状により賛否を明らかにしているからです。出席しない株主は総会当日、千葉監査役の意見に耳を傾けることができません。

このような出席しない株主に対し、正しく情報を伝えるのは、株主総会招集通知に添付される議案の概要や参考書類をおいて他にありません。とりわけ役員解任議案のように会社と当該役員の利益が明確に対立する場合、議決の公平性を担保するためにも、双方の主張を書面上に明示することが求められます。

3 費用は請求できるのか

（1）会社法の定めの特色

法は、監査役の会社に対する監査費用の請求を認めています（388）。民法上は、費用請求権者である受任者が、委任者に対し、費用の必要性を立証しなければならない（649・650）のに対し、会社法上は、立証責任を転換し、請求を受けた会社側が必要性のなさを立証しないかぎり、会社はその支払い請求を免れることができない建前になっています。

会社法がこのように立証責任を転換したのは、監査役の業務を適切に行えるようにし、かつ費用の観点からも取締役からの独立性を確保する趣旨に由来します。

（2）タイムチャージ制が抱える問題点

元禄社に対する千葉監査役の監査費用弁済請求訴訟は、388条のリーディングケースになり得る訴訟でした。

この点で、ぜひ見直さないといけないのが、企業法務を取り扱う多くの法律事務所で採用されているタイムチャージ制の問題です。

タイムチャージ制とは、弁護士が業務遂行に要した時間に、1時間当たりの当該弁護士の時間給を乗じて、弁護士費用額を算出するものです。

この制度では、能力のある弁護士ほど業務時間は短く、逆の場合には業務時間が長くなるという本質的なジレンマがあります。この点は、能力の低い弁護士の1時間当たりの時間給を低く設定することにより、何とか帳尻を合わせることができます。

問題は、388条の「必要性」の判断の前提として、どのような業務がどの弁護士によってどのように行われたのか、訴訟になったとき、これらを証拠化できないと監査役の監査役費用請求権は画餅に終わるリスクがあるということです。

タイムチャージの対象となる弁護士の業務は、電話、メール、調査、分析、検討、文書化、移動時間等、あらゆるものに及びます。これらを逐一、証拠化するためには、それ相当の準備が必要となります。

今回、元禄社との訴訟が、判決に至らず、和解で終了せざるを得なかった一因は、このタイムチャージ制の証拠化が不十分であったという点にあることは否定できません。

4 取締役に対する違法行為差止請求権の手続きの実態

監査役は、取締役が不正な行為をし、またはそのおそれがある等のとき、遅滞なく、取締役（取締役会）に報告する義務を負っています（382）。これは、法は、まず、取締役（会）自身の自浄作用に期待していることを示しています。

しかし、この自浄作用に期待できない場合、または緊急を要する場合、監査役は、当該取締役に、当該行為をやめるよう請求することができます（385Ⅰ）。そして、かかる請求に取締役が応じない場合があることを慮って、法は、裁判所の仮処分命令によって、強制的に取締役の不正行為を止めさせることができます（385Ⅱ参照）。

これが、監査役に認められた、取締役の違法行為差止請求権といわれるものです（385）。株主による取締役に対する違法行為差止請求権の行使が任意である（360）のに対し、監査役の場合のそれは義務になっています。

通常、係争物に関する仮処分の場合、仮処分によって不利益を受ける可能性のある者の保護のために、担保を立てさせられます。しかし、ここでは、仮処分申立者が会社の機関である監査役であるところから、その申立てに一定の合理性が認められること、また、担保を立てさせると、監査役は会社に担保を請求することになり、仮処分の密行性を損なうことから、担保を立てることは不要とされています（385Ⅱ）。

千葉監査役は元禄社による解任決議案の提起を、弁護士を通じた差止請求権を行使し、裁判所に訴えることにより、いったんは取下げさせました。

ちなみに次に述べるセイクレスト事件（大阪地判平成25・12・26）では、監査役自身が違法行為差止請求を行う義務について、差し止めが認められるだけの根拠事実にアクセスできていなかったという理由で、裁判所は義務違反を否定しました。

5 衝撃のセイクレスト事件の判決について

(1) セイクレスト事件の概略

セイクレスト事件とは、ジャスダック上場のセイクレスト社（以下「S社」と記します）の社長が、アドバイザーと共謀して、4億しか価値のない現物出資の山林を20億円と評価し、虚偽の内容を含む公表を行い、もって有価証券の取引のため、偽計を用いたものとして告発されたものです。この刑事事件の結果、S社は倒産し、破産管財人がS社の社外監査役Aの役員責任査定を2000万円とする申立てを行ったところ、破産裁判所は、約650万円としか査定しなかったので、これを不服とする破産管財人が異議を申し立てた事件です。

この判決に「衝撃の」という形容詞が付くゆえんは、異議申立てを受けた裁判所が改めて社外非常勤の監査役に義務違反を認めて、約６００万円の賠償責任を肯定したからです（最高裁で確定）。裁判所が肯定した監査役の義務違反とは、取締役が負うリスク管理体制の構築義務違反を監査役として勧告する義務違反、それに社長の解任を求めて臨時株主総会を監査役として招集する義務違反を指します。

監査役の方々から、当該監査役が同情をかっているのは、監査役は、社長に対し、社長の行為に疑義があると面と向かって表明し、この貸付を実行する場合には、監査役を辞任する意思のあることまでを表明している点です。

（2）裁判所の判断の視点

しかし、法的にみると、裁判所は、監査役自身が辞任の意思を表明したことを重視していません。

裁判所にとっての関心事は、監査役がどういう覚悟で業務に臨んだかという主観的なものではなく、客観的にどのような行動をとったのかという点にあります。その判断をする際の規範として、法令はもちろん、日本監査役協会が策定している監査役監査基準も含まれます。

ですから、監査役の皆さんがご自分の身を守ろうとするのであれば、何よりも法が認めている複数の手段を使い尽くすことが求められます。そうした監査役の権限行使の結果、どうなったかという点は二の次です。とにかく、「私は、監査役として、違法な取締役に対し、具体的にこれだけ働きかけました」、といえることが肝要です。

6 元禄社事件について

(1) 判決ではなく和解という選択

監査費用弁済請求訴訟を途中から引き継ぎ、千葉氏とともに、本件訴訟を388条のリーディングケースにしましょうと意気込んで受任しました。引き継いだ時点での裁判官は、判決に向けて裁判官自身、額ならぬ「頭に汗をかきましょう」と明言していただいたのですが、裁判官の交代とともに、和解という形で終了したのは、残念無念であり、千葉氏には申し訳なく思うところです。

一方で冷静に考えると、本件は、こちらが勝訴判決を得るためには、証拠が不十分と判断せざるを得ない現実があり、請求棄却というリスクも否定できない中では、和解という解決も致し方なかったのかなという思いもあります。

この点、タイムチャージ制を採用している法律事務所では、監査費用が争点の1つとなるような訴訟が予想されるケースでは、ぜひ、タイムチャージ制の証拠化に努めていただきたいと思います。

（2）名誉毀損訴訟

本件では、千葉氏は、元禄社とその社長を被告として名誉毀損訴訟を提起し、こちらは最初から訴訟代理人として担当しました。

最終的には、『日本経済新聞』ならびに自社ホームページに被告らの謝罪広告を掲示し、超低額の慰謝料支払いという内容で和解終結しました。

前者の謝罪広告については、「画期的」というお褒めの言葉を企業法務の著名な先生からいただきましたが、訴訟を担当した者としては画期的とはまったく思っておりませんでした。千葉氏の意向を確認しながら、できるかぎりその意向が法的結論として表現されるよう尽力した結果が謝罪広告でした。

この点は、弁護士の力量というより、事実のもつ重みのなせる業であると考えています。千葉氏は、人一倍、身を粉にして監査業務に邁進していたにもかかわらず、会社から働いていないと中傷され、その中傷が事実であると多数の株主を誤信させた会社の策略により、監査役を解任され、さらには家族全員の首をさらしてやると恫喝される、といったおよそ考え難い事実関係があったからです。

（3）弁護士としての責任

同時に弁護士の在り方と責任も大いに考えさせられました。

着手金も支払われない中で、どこまで、依頼人のために動けるのか、この点、A法律事務所の対応は、素晴らしいと思います。

次に戦略の重要性と落とし所の検討分析です。

会社との全面対決の中で、最後の落とし所をどこに置き、その落とし所を実現するためにどのような戦略を立てるのか、これは法的知識だけでは達成し得ない事柄であろうと思います。

最後に弁護士としての活動内容の証拠化が訴訟の帰趨を決するようなケースがあることを実感し、かつそれだけ、弁護士として重い責任があることを実感できたことが大きな財産となりました。

7 監査役の方々が弁護士を依頼されるときに

(1) 弁護士に対する協力依頼

監査役と経営陣の見解が対立する場合でも、まずは、社内の顧問弁護士に相談されることをお勧めします。顧問弁護士が、監査役の問題意識を理解せず、あるいは理解しても動かないときに、社外の弁護士に助力を求めることになります。

（2）弁護士の選び方

通常、弁護士は、監査役の方々にとっても、身近な存在ではありません。まず、「力量」という点からは、各種セミナーの講師としての講演内容、著作、ブログやホームページの情報から、判断します。しかし、これらは単なるきっかけに過ぎません。

依頼する上で、決定的に重要なことは、次の2点にあります。

1つは、「事件の見通し」です。2つ目は、「リスクの明示」です。いずれも書面として当該弁護士に示してもらうことが必要です。

「事件の見通し」につき、弁護士は、相談者の主張に耳を傾けながら、対立する立場にある者の考えられる主張を検討した上で、見通しを探ります。この作業自体、専門的法的知識を必要としますから、通常は有償ということになります。

次に「リスクの明示」は、当該弁護士に委任するか否かを決定する上で、きわめて重要事です。なぜなら、法的紛争の場合、対立する双方にそれなりの根拠があるのであり、相談者側の主張が100％認められるという結論はあり得ないからです。

相談者にとって、聞こえの良いことしか語らない弁護士に対しては、この時点でサヨナラしましょう。

監査役対経営陣という対立構造の中で、圧倒的に有利なのは、経営陣です。監査役から相談を受けた弁護士は、経営陣の立場に立って、どうやって、この監査役の主張を潰すかということを、冷静に検討します。通常は、相談者にとって、かなり厳しい見通しになるはずであり、それだけ慎重に戦略を立てることが求められるでしょう。

上記2つ以外にも、次の点は、ぜひチェックしていただきたい点です。それは、人としての誠実さと責任感です。これは、話しを重ねる中で、直観的に判断していただくしかありません。そして、この2点は、弁護士である以前の人としての資質の問題といっても過言ではないでしょう。

次に、相談者の話にきちんと耳を傾ける弁護士であるか否かです。弁護士の中には、往々にして「法律のことは誰よりも私が知っている、素人は口を差し挟むな」と勘違いされる弁護士が間々います。これは、事実の重要性を認識しない、愚者の姿です。

弁護士が頭を垂れるべき対象は、実は、お金をいただく依頼者ではなく、事実です。依頼者にとって不利益な事実を依頼者から聞き出すことなくして、正確な事実の把握はできません。よって、依頼者の話をよく聞くことが、弁護士業務の基本です。

法律構成も、正確な事実関係把握なくして正当性の確保はあり得ません。そして、事実関係を最もよく認識していらっしゃるのは他ならぬ当事者となる監査役の皆さんです。

そのほか、「迅速な対応」という点からは、一人事務所より、複数の弁護士を抱えている事務所の方が望ましいといえます。例えば、仮処分を求めるときは、大量の情報を整理して迅速に申立書面を多数作成する必要があるからです。

監査役の方にとっては負担が重いかもしれませんが、前述の点に留意されながら、ぜひ複数の事務所を訪問されることをお勧めします。

（3）依頼方法

最初は、電話でアポをとり、じかに弁護士と対面し、相談をしましょう。最初の相談料は無料のところから、1時間数万円程度まで不同ですので、あらかじめ確認します。後述する内容面で合意が得られれば、当日は、いったん退室し、帰宅してからもう一度検討し、その上で依頼しましょう。慌てる必要はありません。

また、上述の「見通しとリスク」について、ぜひ書面を作成してもらいましょう。書面作成が有償である場合、その金額を確認します。

（4）料金の決め方

①タイムチャージ制

企業法務関係では、タイムチャージ制をとるところが多いようです（タイムチャージ制については、3の（2）を参照）。

タイムチャージ制は、後述する「経済的利益」を基準に報酬を算定する方式では、「経済的利益」の算定が困難なケースに多くとられるものです。

各弁護士の1時間当たりの基準金額の確認の他、報酬カウントの基準時間も5分単位か10分単位か等、あらかじめ確認しておくことが必要です。

②一般的には

「経済的利益」を基準に報酬を算定する方式の場合、当該案件の「経済的利益」をどのように算定するのか、要チェックです。また、報酬の発生条件も明らかにする必要があります。

(5) 契約内容

通常は委任契約を結びます。その内容は、着手金、成功報酬金、日当、実費との支払いに関する事項の他、委任契約の解約、解約後の清算等になります。

企業法務を取り扱う事務所では、相談案件の「見通しとリスク」を契約書とは別個に交付するところがあります。こういう書面を交付してもらえるかどうかも、委任する際の参考になります。

8 戦いを終えて

弁護士として、果たしてこの解決でよかったのか、他に、もっとクライアントの利益になる手段があったのではないか等々、このような思いに駆られることは仕事柄、間々あります。こうした思いは、勝ち負けを問いません。

千葉氏の案件は、特に和解という最終決着の形に悩みました。

改めて思うことは、クライアントの人生を左右しかねない事件の代理人となることの重みです。法的に白黒を付ける、それでいいのだ、という考えもあるかもしれません。

しかし、そうは割り切れない自分がいます。そして、割り切れない自分が正しいのではないか、という思いも率直にあります。

千葉氏の事件は、千葉氏ご自身にとっても、人生のターニングポイントであったと同時に、代理人にとっても、重い課題を突き付けられた事件でした。

これからも、クライアントと向き合い、事件と向き合い、事実と向き合う中で、弁護士としての責任を全うし、己の力量を研ぎ澄ましていく、これが、弁護士としての「覚悟」です。

第3部
古川元監査役に聞く

聞き手：高桑幸一
話し手：古川孝宏

ここでは、無理をお願いして、古川さんにご登場いただきました。古川さんはいたって物静かな人で、経営者と対峙したり、裁判を起こしたりする人とはとても思えません。ただ、曲がったことは絶対にしない、引き受けた責務は必ず果たす、といった信念の人です。

ご本人は、事件のことは忘れたい、とのことでしたが、日本のコーポレートガバナンスの向上のために、そして悩める監査役のために、ぜひ古川さんの行動を記録として残させてほしい、とお願いし、この本を出すことになりました。

日本監査役協会や監査懇話会でも数回にわたって講演されましたが、そのときに何回も出た質問を、再度お聞きしました。古川さんにとっては辛かったことを思い出させて申し訳ないと思いますが、皆さんが知りたいのは、ハウツーよりもなぜそこまでできるのだ、という古川さんの覚悟だったと思います。

世間を揺るがす問題が発生するたびに制度が強化されますが、まったく改善される様子がみえず、世界から信用されない日本のコーポレートガバナンスです。彼の思いと行動に学び、覚悟を決めて皆様の今後に活かしていただけましたら幸いです。

1　入社してから、この会社はやばそうだと気づいたときに、辞めることは考えませんでしたか。

辞めたいとは何回も思いました。しかし、監査役就任後は、子会社や従業員の状況をみれば、辞めることはできませんでした。大変重要で投げ出せない役目だと覚悟していました。辞めるとしたら、中国案件がなくなったときか経理部長をやっていた1ヵ月くらいの間だったでしょう。そのまま経理部長をやっていたとしたら、さまざまなことを知り、辞めていたのは確実です。入社後にわかったのですが、私の入社前の2年間に就任した5名の経理部長は、次々に辞めていました。私が監査役就任後に経理部長候補として入社したベテラン経理マンは、「どんな困難があっても辞めない。一緒に良い会社にしましょう」と語っていましたが、わずか1ヵ月で突然会社に来なくなりました。

監査役になってしまったから、辞められなくなったのです。私はそれだけ、監査役職責は重いと考えています。不正を知っていながら監査役が辞任するのは、一言でいえば「敵前逃亡」だと思っていました。

2　社外監査役であるN公認会計士が辞任したことをどう思いますか。

N公認会計士からお聞きした同氏の監査役就任時の、会社への要請事項は次のとおりでした。それを社長が約束したため、同氏は就任したのです。

①過去はどうであれ、正常な形での取締役会にしてほしい。これは内部統制の根幹である。そのために、常勤監査役に本当に常勤し、真に監査役としての職責を果たそうとする人が就任すること。未経験でもいいから、とにかく、真面目に取り組む人が必要。

②会社として日本監査役協会に入会し、その常勤監査役には十分勉強してもらうこと。今の監査役をめぐる動きは早く、内部統制対応等いろいろあるので、そこで勉強してもらうのが早道。

このN会計士の要請に合致するのが、私しかいなかったということのようでした。

N公認会計士とは、ともに監査役に就任することになって初めてお会いしました。こういう約束を会社に求める人であれば私もいろいろ教えていただきながら監査役職責を果たせると思い、大変心強く思いました。しかし、就任後すぐに社長が約束を守らない状況となりました。同氏はすぐに辞任すると言い始め、私は何度も説得しましたが、止められませんでした。監査役職責という観点からは大変残念に思いますが、公認会計士として顧客を有する立場では致し方なかったと思います。

3　取締役会の開催通知や事前説明、協議状況は通常はどうなっていたのですか。

2008年11月に行われた4社の買収については、買収開示当日に初めて取締役会に示され、詳しい資料提示もないままに、私は承認を強要されました。当然の質問を行っても、「誰でも考えつくような馬鹿な質問をするな」などと怒鳴られただけで、まともな回答を得ることはできませんでした。ましてや、その買収関連決議を行った2回の臨時取締役会の招集は、1回目は取締役会開催の前日、2回目は開始40分前のメールによる通知という状況でした。そのため、常勤していた私以外の監査役の出席がない状況でした。1週間前に招集通知を行うとの定款や社内規程および会社法違反です。昭和44（1969）年12月2日の最高裁判決では、招集手続きに法令定款違反がある場合には、当該取締役会の決議は無効とされており、これらの買収決議は無効であると思います。

就任後最初の会合時、社長が「取締役会にはすべての情報は出さない。また、監査役会には各人に資料を渡すことはせず、全体に1セットのみ渡すこととする」と宣言して最初から紛糾しましたが、その後そのとおりに重要事項に関する説明や協議はありませんでした。途中からは、資源節約と称して取締役会において紙を配らず、プロジェクターでみせるだけになりました。財務諸表の検証などできる状況ではまったくありませんでした。

4　取締役会の運営が不適切だったとしたら、債券購入や企業買収について差止請求することは考えられませんでしたか。

債券購入は、すべて、私が入社する前に行われていたものです。購入時の稟議書や債券の明細もないし、すでに売却したものはその損益状況に関する記録もありませんでした。前常勤監査役から、私の就任時点でも高い簿価で保有していた2つの長期仕組債券は問題の多い債券であり、そのことは購入時の取締役会で指摘したと、引き継ぎを受けました。しかしその議事は残されておらず、「全員異議なくこれを了承した」等の紋切り型議事録になっていました。現時点での評価や管理状況について質問しても恫喝されるだけでした。決算時に、会計監査人に時価のエビデンスをみせるよう要請しましたが、結局最後までそれは呈示されませんでした。

企業買収は、入社時にすでに1社（アイ・エヌ・エー）が行われていました。就任後の2008年11月の4社の買収は、臨時取締役会で私が買収を知った日に市場に開示されましたから、差止請求する時間はありませんでした。

5　監査役会では協議が適正に行われていたのですか。他の監査役は、なぜ、会社の言いなりになって適正な監査を行わなくなったのでしょうか。

監査役会は私の就任時に5人で始まりましたが、すぐに公認会計士の2人が辞任したため、3人となっていました。私以外の方は結局「監査役はお飾り」と思っている人たちであり、監査役関連法規・基準や内部統制に関して何ら関心をもっていませんでした。私は、監査役会において、何度も監査役の職責・会社法・内部統制に関する資料の提供等を行って説明し、勉強するよう要請し、会社の問題について議論しようとしましたが、まともに取り合ってはいただけませんでした。このような状況に加えて、さまざまな形で会社からの恫喝や懐柔が行われたものと思います。どのように行われたのかは、予想はつきますが、本当のところは今もよくわかりません。中でも、私以上に経営陣の違法行為に怒り、私を後ろから支えてくれていたH監査役の変心については今も理解できないでいます。

6　会計監査人は最初古川さんを事務所に呼んで相談したにもかかわらず、なぜその後古川さんの質問に答えようとしなくなったのでしょうか。会社法は監査役が会計士を選解任するように変わりましたが、効果が期待できますか。

社長は常々「公認会計士は俺が食わしてやっている。自分が社長就任前に長年問題だらけの決算書を許しておいて、今さら何もいわせない！」といっていました。しかし、あまりにも目に余るさまざまな状況と内部統制報告制度への対応の必要上、私が事務所に呼ばれました。しかし、その数日後に私は社長に呼ばれて「要らんことをいうな。あんたが組まなきゃならんのは俺であって、会計士じゃない！」などといわれました。同時に会計士たちにも、昔のことを指摘して恫喝したと思われます。

その後、私が会計士たちと面談し、さまざまな指摘・要望をしても「会計監査人はBS、PLの数字が正しいかどうかをみるのが職務。業務的な点については判断しない。法的にどうかという観点からの判断もできないし、してはいけない。あくまでも財務報告が正しいかどうかをみるだけ」といいつつ、私の指摘にまともに答えず、約束した会計上のエビデンスをみせることもありませんでした。

監査役による会計士の選解任は意味があるとは思います。ただ、監査役会が不正経営陣と一体になった私のようなケースにおいては無意味でしょう。独任制があれば少しは有効かと思いますが。

7　日本監査役協会の会員に、自分で会費を払ってまでなられましたが、効果はありましたか。また、要望などはありますか。

同協会と提携している弁護士を紹介してくれたので相談に行きました。そこで弁護士から示された提案に従って私は行動し、大変な事態となっていきました。しかし、それ以上には協力はしていただけず、解任後には「会員資格を失ったので、退会届を出すように」との電話がありました。当時の専務理事と協会長に手紙を書き、専務理事は3時間も真摯に話を聞いてくださいました。それには感謝しています。しかし、その後も退会要請は来たので、不本意ながら最終的に退会しました。

同協会は、普通は、企業から会費が支払われて成り立っていますが、私は協会が示している監査役の理想像に共感し、個人で入会金と会費を支払って入会しました。それだけ思いが強かっただけに、とても残念でした。会員からの声に押されて、2014年に実務部会登録メンバー限定ではありましたが、報告を聞いていただけたことはよかったと思います。

協会には真に監査役職務を果たそうとする監査役を支援し、役立つ存在になっていただけるよう望みます。会員は、大手だけではなく中小や新興企業の監査役も多く、さまざまな困難な状況があります。そういう困難な状況にある方々の心の支えになっていただきたいと思います。監査役を退任した人の入会も認める等の対応も必要だと思います。また、会社法改正により監査役の存立基盤が失われつつあると思われますので、存在意義を失わないようにしっかりと活動していただきたいと思います。

8　日本監査役協会から紹介された弁護士の意見に従って会社に質問状を出されましたが、結果から考えて適切な対応でしたか。

同弁護士の意見は妥当だったと思います。口頭では経営陣に対して何回もいったことを丁寧な文章にし、同弁護士の添削も受けて提出しました。この書面を出す行為をしなければ、監査役職責を果たしていないと裁判で判断されたかもしれません。経営陣は、私の任務懈怠を理由として解任議案を提出しましたが、私の質問・要請状は監査役としてやるべきことをやっていた証拠の1つとして、その後の裁判闘争等において役立ちました。

9　会社法に詳しい弁護士に対応を依頼されましたが、弁護士費用や裁判費用はどうされたのですか。

弁護士費用、裁判費用は、監査費用訴訟により部分的にですが会社により支払われました。私は、諸実費を除いては負担していません。支払われなかった部分は、A法律事務所が負担されました。感謝しています。

10　監査報告に判子を押さなかったのに押したことになっていた、監査報告個別意見を出したのに添付されなかった、というのは明らかに法律違反ですが、そこは追及されなかったのですか。

その点も含めて、明確な証拠とともに定時株主総会決議取消訴訟を提起しました。しかし、臨時株主総会において「解任」された結果、裁判所は「却下」としました。

11　株主に会社の実態を報告するホームページを開設されましたが、適切な対応だったと思いますか。音声ファイルについてはどう思われますか。

ホームページの開設については大変な決断を要しました。しかし、ネット上や株主向け送付文書において一方的に誹謗中傷されている中でこちらが主張する方法は、他にありませんでした。音声を公開することについては、絶対反対でした。弁護士たちと長時間協議し、私の意向を受け、また弁護士の中にも反対の声が多く、公開しないことが決まりました。しかし、A弁護士の鶴の一声で、翌日には、公開することを同事務所は決めました。

A弁護士からは「録音を公開することに関して状況が変わったのは、私が公開をすることに積極的意見に賛成し、主任弁護士に再考を求めたこと、弁護士意見の交換によって積極意見が強くなったことが原因。古川さんの意見と会社の意見が対立する中で、株主はどちらを信じていいか判断に迷う人もいることを考慮してのこと。つまり、株主の判断を容易にするには、録音という動かし難い資料を提供することが重要と考えた。古川さんのホームページは、株主の議決権行使の意思決定に必要な資料提供をするためのものだから、やはり、録音を公開することが必要と、最終判断に至ったもの。監査役の立場に立って、現行法の下でやれるべきことはやったといえるまでやろう。そのことが、後で、いろいろな方の賛否の意見によって、監査役の役割認識と監査役の監査実務の向上につながるものと思う。」と説明を受けました。

音声公開は臨時総会の2週間前でした。事前に議決権行使書の収集により結果は決まっているので、総会決議への効果はないだろうと私は思いました。ただ、ネット上での反響はすさまじく、事件を有名にし、社長の非道な言動・無茶苦茶ぶりは世間に知られました。同時に、音声公開という行為により、私は企業社会から抹殺されることをさらに確実に覚悟しました。

音声がある理由は次のとおりです。経営陣は私の入社前から、取締役会・監査役会やすべての重要な面談の録音をとり、自分たちの都合のよい部分だけを利用するようなことをやっていました。私も入社直後から、買収予定先の中国人経営者との面談等において、ICレコーダーを渡され録音させられました。また私の監査役就任前から、経営陣は敵対する監査役との面談時には必ず録音を行っていました。法律関係の書物にも「相手が録音していることがわかっている場合は自分も録音しておくというのは、自己防衛上の鉄則である」と書かれています。部屋に閉じ込められた状況で何人かの取締役に囲まれ恫喝されたときには、録音するしか手立てはありませんでした。A法律事務所との契約後は、かかってくる電話等含めすべてを録音するように指示されました。

12 株主総会は会社の最高の決議機関ですが、事前に議決権が収集されて総会開催時には決しているのが実態です。どう思われますか。

一般的にいえば、事前に議決権が収集されて総会開催時には決しているからこそ、経営者は無難に早く終わらせたがるのでしょう。総会での質疑応答により議案の可否が決まるとすれば経営者は真剣に総会に臨むでしょう。総会当日の本当の出席者の票をもっと重視する形にする必要があると思います。

同社の監査役解任議案は特別決議事項でした。しかし、特別決議によるといっても定款を変えていたため、議決権の3分の1の3分の2、つまり、22％を上回ったとして通ってしまいました。議決権総数の3分の2、せめて過半数を要することにするべきであると思います。また、株主総数2万5０００人、議決権総数は13万でしたが、会場に来ていた数十名の方々は、会社要請で参加していた数名を除いて全員が監査役解任に反対でした。株主からの質問に、監査役たちはまったく答えられず立ち往生しました。

13 会社法が改正されましたが、企業不祥事の抑制に効果があると思われますか。

今の動きを詳しく勉強しているわけではありませんが、不祥事の監視機能は低下するだろうと思います。監査等委員会設置会社では、独任制がなくなり、常勤が廃止され、任期が2年に短縮され、監査等委員が取締役になって偉くなった気分になり、結局のところ「監視」などしなくなるでしょう。社外取締役を増やすねらいがあるそうですが、結局、友達や名士を連れてくるだけかもしれません。トライアイズ社においても、私以外は皆「社外」の人でしたが、結局、不正経営者と一体化してしまう結果となりました。闘ったのは、「社内」の私だけでした。

今回の改正は、日本において先人が営々として積み上げて来た監査役制度の根幹を揺るがすように思えます。今の監査役制度の問題点を改善する方が企業不祥事の抑制に効果があると思います。

14　制度上で、不備なものはありますか。その改善のためにどうすべきですか。

会社法に基づいて提訴しても、解任されれば、すべての会社法違反が免責になることがわかりました。会社法388条は、条文どおりにはまったくいかず、私にとっては会社法は画餅でした。明確な罰則規定を設ける等、有効なものにする必要があると思います。また、金融証券取引法193条の3は「会計士が監査役を糺す」ことはできますが、「監査役が会計士を糺す」ことはできません。会計監査人が「監査人として法令違反の是正その他適切な措置をとる」ことをしないときには、監査役が当局に申し出ることができる制度にするべきだと思います。

改善のためには、不正事件の推移を研究し、本当に会社不正と闘った人や苦労した人たちの意見を汲み上げることが必要でしょう。机上の論理だけでは役立たず、屋上屋を重ねても無意味だと思います。

15　会社との対峙、弁護士対応や裁判対応は大変だったと思いますが、どうしてここまで頑張れたのですか。家族から止めてほしいといわれませんでしたか。

さまざまな局面において、その時々に私を支援してくれる人が次々に現れ、「意気に感じた」からこそ、頑張れました。また、因果応報と思い定め、起きていることを受け入れつつも、やるべきことをやると決めていました。お天道様がみていてくれる、最後は何とかなると思い続けたこともよかったと思います。人生の残り少ない日々をお天道様に顔向けしながら生きていけると思います。

闘い始める前に家族で話し合いました。家内と娘二人全員が「それは闘わなきゃだめでしょ」といってくれました。止めてほしいとはいわれませんでした。皆、能天気なのかもしれません。しかし、皆がそれぞれに頑張ってくれているのは、私の姿をみてくれているからだと思いたいですね。

16　他の会社の監査役からの相談はありましたか。

いろいろな方とお会いしました。『日本経済新聞』紙上のトライアイズ社の私への謝罪文の切り抜きをご自分の「お守り（戒め）」として、いつももっていると語られた方もおられます。自分の置かれている状況を聞いてほしいという方がたくさんおられます。多くの監査役が本当に悩んでおられます。かなり深刻な状況もありました。私のケースだけが特殊とは思えません。真面目な人ほど苦しんでおられます。私にできるのは、じっくりお聞きし、自分の経験をお話しする程度のことでした。そして、深刻な状況の方には「何があっても絶対に死なないでください」といいました。秘密は絶対に守るという安心感をもってもらった上で、話を聞いて差し上げるだけでも、本人は楽になれます。少なくとも、そういう役割を日本監査役協会は果たす義務があると思います。退任後も入会できる監査懇話会には大いに期待したいと思います。

17　悩める監査役に対して、アドバイスするとすれば

記録をこまめにとり、その時々の自分の考えを書き記し、資料を整理しておくことは仕事の性質上も大変重要です。後々、いろいろな意味で役立つと思います。

「おかしいんじゃないか?」と考え、良心から声をあげる人は、どの組織にもいます。往往にして組織はそういう人を「変わり者」として排除しようとします。そういう人は、私が一時出向した山一證券にも、昔、破綻直前に銀行員として担当したイトマンにもいたし、ここ数年で話題になった会社にもいたはずです。必ずそういう人がいることが、私は救いだと思います。そういう「変わり者」の声を真摯に聞いていただきたいと思います。

行動するにしろしないにしろ、最終的にはその結果すべてを自分で引き受ける覚悟が必要だろうと思います。言うべき状況や行動すべき状況で、それをしなかった場合には、いつか相応の罰や苦しみがやってくるかもしれません。言うべきことを言い、為すべきことを為すことによって招いた苦しみは、すべて自分の成長の糧になり、

またそれが子々孫々に伝わると思って耐えて参りたいと思います。先人の格言や言葉も、その時々に励みとなります。私と高桑さんが出会う前からともに座右の書としていた「言志四録」も折々にみていただくとよいと思います。

大言壮語する人や偉そうなことをいう人ほど、土壇場では、それを実行できないというのが、私が事件から得た教訓です。私自身、この本の中でいろいろ言ってしまったかもしれません。生涯の自らの戒めとしたいと思います。

特別寄稿

「監査役の覚悟」に寄せて

1 「意気に感ずる」ことは間違いか

小冊子『監査役の覚悟』が2013年9月に出ました。ある企業の常勤監査役さんが私に取材し自費出版されたのでした。それを読んだ私の友人が、笑顔で私にこういいました。「古川さんの行動はすべて正しい。ただ、いろんな局面で意気に感じたでしょ？　もし間違ったとしたらその点だね」と。

確かにいろいろな局面がありました。会社への入社要請があり最終的にそれを受けたときから始まって、会社の従業員や、子会社役員やOBの苦境を見て監査役として立たざるを得なくなったとき、弁護士からの要請で自分の意に沿わない監査費用訴訟の原告となったとき等々……。その時々に困難な選択をしたのは確かに「意気に感じたから」といえばそのとおりかもしれません。今回の出版に賛同したのも、やはり執筆メンバーの6人の方々の熱意に動かされ、感謝し、意気に感じたからでもあります。

「意気に感ずる」とは、利害や打算ではなく、人の心意気に感動し信頼して動くことです。私は、それなくして何の人生かと思うのです。確かに、監査役として立ち、最後まで闘ったことによる精神的・肉体的・金銭的・時間的損失は多大なものでした。

人を信頼して行動した私を、疑うことを知らない馬鹿な人、利用されただけ、と思う人もいるでしょう。しかし、健全な懐疑心をもって冷静な頭で判断してきたつもりです。人のいうことは最後まで聞き、違うと思ってもいったんは受け止めてみて、熟慮し、その上で自分の良心に照らして決断してきました。相手の言動が善からのものなのか、個人利得からのものなのかを考えました。むやみに突っ走ったわけではありません。已むに已まれず行動したのです。その結果、辛い状況ともなりました。

これら悩み抜いた末の決断と行動を、「自分の存在のアピール」「独任制の濫用」と冷ややかに批判する人もいたようです。私は有名になどなりたくなかったし、最後はひっそりとこの世から消えることを願っている人間です。今もネット上に闘いの痕跡が残っているのは辛いことであり、また、この本が出ることについて今もためらう気持ちがあります。

志願してミャンマーに7年勤務し、ミャンマー復興への貢献という私が強く思い描いていた熟年期の構想もすっかり崩れました。しかし、思うようにならないのが人生でしょうし、だからこそおもしろいのかもしれません。

この事件なくしてはお互い知り合うこともなかったはずの6人が集まってくださり、私を含めた7人の思いはこうして本という形で結実しました。富山や石巻という遠方からもこのために何度も来てくださっています。皆さんそれぞれに重要な仕事を抱えておられます。私が望んだのではありません。私自身はさまざまな辛い思いをした事件のことは忘れたいという気持ちも強かったのです。しかし、悩める監査役のために役立てたいとの皆さんの熱意に応えることとしました。人生は、こういう本当の信頼関係を結んでいくところに喜びがあると思っています。

2 小冊子『監査役の覚悟』と、日本監査役協会での講演会

2010年の暮れも押し詰まった頃に、彗星のように現れ私の支援活動を始めてくださった現役の常勤監査

役がおられたことは大変な驚きであり僥倖でした。そして2013年9月に小冊子『監査役の覚悟』を著し自費出版されたことによりさまざまなことが生じました。2013年暮れから2015年にかけて、日本監査役協会本部での3回を含め、求められて多くの方を前に何度かお話しする機会をいただきました。

監査役協会講演においては、事前に寄せられたものも含めて約150件ものご質問をいただきました。小冊子『監査役の覚悟』を読んだり、それまでにネット情報等から事件の大筋をご存知の方々も多く、いくつかの報告会では、その3分の2を質問・回答に費やしました。皆さんからのご質問は的を射たものが多く、私自身が忘れていたような事実を思い出させてくれるご質問もありました。それだけ関心をもっていただいたということですから、すべての質問に対して一生懸命に答えさせていただきました。

3 寄せられた多くの質問

質問は多岐にわたりましたが、繰り返し問われたのは、「なぜ入社し、なぜ監査役に就任し、どんな不正があり、なぜ闘わざるを得なくなり、なぜ弁護士を途中で代え、なぜ最後の最後まで闘えたのか?」といったことでした。

2007年12月の入社から、すべての裁判が終わった2013年4月4日までの6年近くの間に起きたさまざまなことについては、裁判関係書類を含め膨大な資料や私の書いた多くの文章があります。それらについてすべてを語るほどのページ数はありませんし、この本の第1部で、第三者の視点から手際よくまとめてくださっています。ここでは、第1部にあまり書かれていない事項やこれまで表に出ていないことについて、思い切って少し詳しく書いてみたいと思います。

そもそもなぜこの会社に入ったかについて疑問をもたれる方も多いようです。その点だけ最初に触れておきます。「平成電電問題に絡み、経営陣に疑惑のあったこのような会社に入り、さらに監査役になったこと自体が間違いだ」等のご批判もありました。

私は2005年までミャンマーに駐在していましたので、2000年代前半に当初はもてはやされ、その後凋落した平成電電について、実は当時ほとんど知りませんでした。

2007年8月初旬にトライアイズ社の社長から入社要請がありました。買収予定先の中国のIT関連会社の社長に就任してくれとのことでした。その22年前の香港勤務時代に知り合い、その後も年賀状をやり取りする程度の交流が続いていた人物でした。会計の専門家で、律儀な面のある人でした。その時点で、当然、ある程度のことは調べました。事件に関しては、同氏は「平成電電の悪い連中と闘っている。ぜひ力になってほしい。真面目な古川さんの力が必要だ」とのことでした。中国赴任前提の入社要請でしたから、私がそれらの問題に関与することはないとの説明でした。私は中国語もできませんし、中国ビジネスが難しいことは知っており、ITビジネスのこともわかりませんので、断り続けました。しかし、「一度、駄目元でいいから、北京の会社をみて、中国人経営者や従業員とも会って来てくれ」というので2泊3日で行ったところ、割と好印象だったのです。経営陣は米国留学帰りのアメリカナイズされた中国人の若手たちであり、彼らから「中国語ができなくとも問題ない」「古川さん、ぜひ一緒にやりましょう」といわれ、固く握手されました。帰国後、社長や取締役たちから、「ぜひお願いします」と全員で頭を下げられました。

わずかに、社債の未償還部分等がありましたが、ほぼ無借金であり、キャッシュは豊富で、少なくとも表面上の財務状況はまったく問題ありませんでした。ＩＴ開発のノウハウ等もあるように思えました。建設コンサルタント会社アイ・エヌ・エーの買収も決めているとのことでした。アイ・エヌ・エーは、１００％官公庁からの受注で日本全国の治水・利水・防災に活躍している会社でした。高度な頭脳集団であり、厳しい倫理綱領を課されており、きわめて真面目で歴史もある会社でした。こういう会社を買って良くしていこうという意気込みを感じました。この買収は地図関係ソフトを販売していたトライアイズ社との適合性もありました。

現時点で批判する方でも、当時の状況であれば、入社に賛成されたのではないかと思います。私の周囲も、「それだけ必要とされ懇願されているならば、助けてやれば？」との意見でした。事ここに至って、私は、受けざるを得ませんでした。そして、最終的に同年12月に入社しました。

入社後、中国ＩＴ会社の買収が中止となり、さまざまな経緯を経て、３ヵ月後に監査役にならざるを得なくなりました。これも私が受けなければ会社が立ち行かなくなるという切羽詰まった状況がありました。その時点では、会社の相当の実態を知るに至っていました。しかし監査役の法的権限の大きさを知っていましたし、ともに就任するＨ監査役（日本を代表する会社の元国際ビジネスマンで当時はコンサルタント会社経営者）やＮ監査役（公認会計士）が信頼置ける人たちだと思いましたので、手を携えれば良い会社にできると思いました。

経営陣は、投資家たちから平成電電事件で被った34億円（その後17億円に減額）の損害賠償請求訴訟を提起されていましたが、２０１４年4月11日、東京地裁で請求棄却という勝訴判決を得ました。原告は控訴しませんでしたので、それで確定しました。裁判結果が正しいとすれば、入社前の経営陣の説明は、この点に関しては、正しかったこととなります。

トライアイズ社に具体的にどういう問題があったかについては説明するページ数もなく、本書はそれを追及することが目的ではありません。些細なことを指摘したのではなく、普通に監査役の職責を認識しておられる方なら皆が指摘せざるを得ない状況がありました。２０１４年の日本監査役協会での講演会のアンケート回答の中には「相手側の言い分も聞いてみなければわからない」という声もありました。そのとおりです。相手にも言い分があるでしょう。しかし、私を取材した記者たちも会社の言い分を聞こうと苦労しましたが、結局、誰も聞けませんでした。私は、どのような観点から質問を受けようと、いつでもお答えしてきました。ただし、この後の「6　裁判経緯」で語ることの一部については封印してきました。今後も読者からご質問をいただければ、私はいつでも真正面からお答えするつもりです。

4　闘いすんで歳とって

(1) 私の経験した日本のコーポレートガバナンス

全面的謝罪を受け、私の名誉は回復したのですから、感情的には許すしかありません。もうこの会社と、ことを構える気はありません。しかし、私的感情を満足させるだけのために苦しい思いをしながら闘ったわけではありませんでした。そして、途中から私を最も苦しめたのは当初私と契約したA法律事務所との問題でした。

この闘いは、もちろん、当初は、不正なことを行う経営陣との闘いでした。

きっかけは、本社従業員や、買収した会社の役員・従業員・OB等へのあまりにも無茶苦茶な、経営陣による不当な対応をみたことでした。買収したばかりの建設コンサルタント会社からは、優秀な人材の流出が毎日続いていました。人材が資産のこの会社からの人材流出を何とか止めないといけないと強く思いました。

2009年2月3日にA法律事務所と「監査役権限の行使に関する契約書」を交わしました。その契約に従って、同事務所の弁護士が、監査役の代理人・補助者として活動し、必要に応じて会社に乗り込むことを約束していただきました。まずは、会社の会計監査人がやるべきことをやっていないことを指摘していただけるのことでした。会計監査人が法令に準拠した仕事をしていないことは明らかでしたから、それを法的に指摘すれば事は簡単な筈でした。しかし、それらは結局最後まで実施されませんでした。裁判などやりたくありませんでした。そして、私の意思とは違う闘いとなっていったのです。詳しくは「6　裁判経緯」に書きます。

監査役としてできるかぎりの努力をしましたが、司法は味方してくれませんでした。民法上の名誉毀損訴訟では全面勝利しましたが、会社法は役に立ちませんでした。これが私の経験した日本のコーポレートガバナンスです。

(2) やってみなはれ

2015年5月21日、大阪高裁で、セイクレスト社外監査役責任追及訴訟の控訴審判決がありました。問題行動をする代表取締役に対して、監査役は辞任を含めて然るべき対応を検討すると迫り、意見書を提出するなど、かなりのことをしておられると思います。しかし、「リスク管理体制を新たに構築するよう勧告したり、代表取締役の解任を求めての臨時総会開催を取締役会に勧告する」等しなかったとして善管注意義務違反を認定されました。「勧告する」とは具体的に何をするのか私にはよくわかりませんが、まったくお気の毒だと思います。一方、強い措置をとった私の方にも司法は味方しませんでした。教科書や法律・規程どおりにやらないと罰せられるし、そのとおりにやっても結果は出ませんでした。どちらにしても辛いです。

コーポレートガバナンスについての本はたくさん出版されており、立派なことが書かれています。しかし、行動してみなければわからないことはたくさんあります。理論・理屈どおりにはいきません。一連の出来事や、裁判もやってみて初めてわかったことはたくさんありました。弁護士たちでさえ知らなかったようなこと、驚くようなことがたくさんあったのです。理屈を述べるだけの方々には、「やってみなはれ。やらな、わからしまへんで」といいたいところです。その点、この本に参加している方々は、皆がそれぞれの場で実践し、苦労の末につかんだことを書いておられますので、熟読の価値があります。

(3) 独任制と常勤をなくす弊害

私が会社の異様な状況に気づいたのは、内部に常勤していたからです。また、監査役会が違法経営陣と一体となってしまったにもかかわらず私が闘えたのは、単独でも意見の表明ができるという独任制があったからこそです。2014年6月20日成立の会社法改正により認められた監査等委員会設置会社では、この2つがないとのことですが、実に残念なことだと思います。「闘う監査役」が出ないようにとの配慮でしょうか。有識者は「物言う監査役」「闘う監査役」が嫌いなようです。本当は私も好きなわけではありませんが。

監査等委員会という組織でしか監査報告を書けないのであれば、同調圧力の強い日本においては、真実を語ろうとする監査等委員などいないでしょう。

私は、監査役が強大な権限をもつことには反対です。悪意をもつ人が監査役に就任すれば大変なことになるでしょう。しかし、それでも独任制は残すべきだと考えます。これは日本人の歴史的智恵です。

この本の第2部第1章で加藤記者が荏原製作所の監査役の話を書かれています。同監査役は、元警察のインテリジェンス関係の高級官僚であったこともあり、この事件は有名です。一方、法律家の中には「独任制の濫用」の典型として厳しく批判する人もいます。私は事実関係を正確に知らないのでよくわかりませんが、警察という組織を背景にもつ同監査役と、一市民である私とでは、立場も会社の対応もまったく異なるかもしれません。

また春日電機の監査役は、その会社生え抜きの方のようです。監査法人に指導されて行動した結果、同社は上場廃止になり、さらに会社更生法適用になったのですから、ご本人もお辛いことでしょう。いずれにせよ、三者三様であり、一緒に論じられるのは違うように思います。このご両者にも、監査役制度のためにことの経緯と真実を語っていただければ嬉しいのですが。

(4) 諦観と矜持

なぜ最後の最後まで闘えたのか、というご質問もしばしば頂戴しました。ある会で「古川さんて強面ではないんですね」といわれました。私は普通の人間です。消えてしまいたいと途中で何度も思いました。裁判関係書類を作成している途中にすっかり疲れ果て、深夜の街を夜明けまで歩き続けたこともあります。いろいろな本も読み、考え、祈りました。

因果応報という言葉があります。良い種を蒔けば良い結果、悪い種を蒔けば悪い結果が現れるということです。私はこれを信じます。ですから、自分が「意気に感じ、人を信頼して招いた結果」については、受け入れなくてはならないと思い定めました。「諦観」です。いわゆる「あきらめる」のとは違います。あきらめは、思考停止であり行動しないで投げ出すことです。

状況を受け入れ肯定し、そこから立ち上がるしかありませんでした。「諦観」をもてば、人を恨むことはしません。自分を死に追いやることもありません。現実に起きていることを受け入れられない人は、他人を傷つけるか、あるいは、自分を傷つけ果ては死を選ぶのかもしれません。

経済事件などで死ぬ必要はないのです。経済事件において、報道では「過労死」とされていても本当は自ら死を選んだ場合も多いことを私は知っています。私も過去何人かは救えましたが、救えなかった人もいます。経済事件で死ぬ人が出るたびに、「死ぬ必要なんかないじゃないか！」と思います。「経済」や「経営」の言葉の本来の深い意味を考えれば、これらはすべて人の幸せのためにあります。せっかくもらった命、経済事件ごときで自ら死ぬなんてまったく馬鹿げています。悪い奴らを喜ばせるだけです。生きたくとも生きられない人も多いのです。

監査役としての「矜持」と「覚悟」をもって行動しました。天は、また誰かは、必ずみていてくれます。私を２００９年４月から継続的に取材してくれた加藤記者がいいました。「古川さんのような屍をいくつも積み重ねて、いつか本当の監査役制度が築かれるのでしょうね」と。おかげさまで私はまだ死んでいませんが、本来の監査役制度の土台・踏み台になれるなら嬉しく思う次第です。

この世は不条理に満ちています。私を重要な局面で裏切った人たちも、皆、因果応報です。この世では逃げ切ったとしても、先祖は悲しむだろうし、生まれ変わった自分の身に、あるいは子孫に災いが現れるかもしれません。そう思うことによって、私はこの不条理を受け入れています。一方、どんな困難に遭っても、損しても、馬鹿だといわれても、愚直に自分の良心に基づいて行動すれば、いつの日にか良いことがあるかもしれません。ないかもしれませんが、まあいいじゃないですか。

(5) 多生の縁

「多生の縁」という言葉があります。偶然と思われるようなほんのささやかな出会いであっても、それは前世からの深い縁で起こるのだからそのご縁を大切にしたいものだ、ということのようです。この闘いで、私を支援してくれた人、「監査役なんて閑散役でいいんだよ、所詮お飾りなんだよ」といって私を笑った人、重要な局面で私を裏切った人など、実にさまざまな人との出会いと別れがありました。すべてご縁です。出会った人、起きたことのすべてを今後の自分の成長の糧にしたいと思います。

何があっても人を裏切ったり信義にもとることだけはしません。私を頼ってくる人があれば、しっかりお話をうかがい、心に寄り添いたいと思います。そうすることが、この本を出版するまでして私を支えてくださった6人の方々、この事件のいろいろな場面で支援してくださった方々、そして人生のさまざまな局面でお世話になった皆様への恩返しだと思っております。

5 法律・裁判・弁護士

法は人のため、個人の幸せのためにあるはずです。しかし、私の経験からはそうは思えませんでした。強い方、支配者側、経済事件の場合は会社側にどうしても寄り添う形になるようです。巷でそういわれているのを知っていましたが、私もその経験をしました。

弁護士や公認会計士の人たちについても一緒に仕事してわかったことがたくさんあります。外科医が切りたがるように、弁護士は裁判したがります。有名弁護士は、さらに有名になりたがります。裁判官は、こちらが望みもしない和解を強要します。これら、日本で最も難関な試験を通り、尊敬される職業についておられる方々には、エリートとしての矜持と覚悟をもっていただきたいと思います。「医は仁術」といいますが、「弁護士活動も仁術」であってほしいと思います。

私は私のような行動を他の人に強いるつもりはまったくありません。人は、簡単に「法的措置をとるべきだ！」といいますが、裁判所に訴えるには、普通は弁護士の助力を必要とします。「本人訴訟」という方法もありますが、そう簡単ではありません。講演会等においても、「監査役になるなら弁護士と知り合っておくべきだった」というご意見を何回かいただきました。しかし、企業法務に詳しい弁護士はそう多くはありません。ましてや、監査役側に立って弁護活動をしようという弁護士がどれくらいおられるでしょうか。企業は、もちろん、東京・大阪以外にもたくさんありますが、地方都市にそのような弁護士がどれくらいの数おられるのでしょうか。東京にいる私ですが、相談に乗ってくれる弁護士を求めて右往左往しました。

その意味では、私が最初に契約したA法律事務所は監査役案件を受任してくれただけでも感謝しなければなりません。しかし、その後の推移は大変辛いものでした。

法律・裁判・弁護士といったややこしい問題については興味がないという方もおられるでしょう。そういう方々は次の裁判経緯の項目については無視していただいても結構です。しかし、私の行動を批判する方、冷ややかにみている方には、できれば読んでいただきたいと思います。誰も書いたことのない監査役自らの裁判の経緯について、当時の資料に基づいて、正確かつできるだけわかりやすく書いてみました。封印していたことを思い出し、書き記すのは辛い作業でした。

6 裁判経緯

法律など苦手であり、裁判などするべきでない、したくないと思っていた私がたくさんの裁判を経験する羽目になりました。

A法律事務所は、誰も裁判で争ったことのない会社法388条に基づく弁護士費用請求訴訟を行い、また、臨時総会を開かせてマスコミ等の注目を集め、華々しい事件にして勝つつもりだったと思います。A弁護士たちは、私の解任などさせないし、どの訴訟も負けることなど毛頭考えていないし、勝った暁には本を書くとのことでした。しかし、何ら結果は出ず、違法行為を行ってきた経営陣は居座り続ける状況が残りました。会社顧問弁護士は多くの報酬を手にしたことでしょう。会社の無茶苦茶経営は続き、私が異議を唱えた買収会社4社のうち、3社は早々と破綻させられました。建設コンサルタント会社アイ・エヌ・エーは名前を変え、その高度技術者のほとんどが会社を去り、細々と継続案件を行っているようです。時折、社内や子会社従業員からの悲鳴も聞こえてきましたがどうすることもできませんでした。当初、私に救いを求め、私の活動を支援してくれ、私の弁護士費用を皆で分担するとまでいってくれた子会社役員やOBも、弁護士の目的が子会社を救うことにないとわかると、離れていきました。大変辛くて悲しい出来事でした。

裁判における文書作成は、弁護士に任せておけばよいのではありません。私が事実等を書き、資料を作成し、それをもとに弁護士が法律に則った形で訴状・準備書面として作成します。自分の思いも含めた陳述書も沢山書かねばなりませんでしたし、他にもさまざまな表や資料を作成しました。

それらの書類は、何度も修正を繰り返しました。弁護士の事実誤認や、弁護士と私の意見相違も随分ありました。事実誤認や間違いがあっても、修正がなされないまま裁判所に提出されてしまうこともありました。弁護士に修正を求めるのは勇気が要ります。実に困難な作業でした。A法律事務所においては、6名程度の複数の弁護士により担当分野や作業を分けましたが、私は1人ですべてに対応しなければなりませんでした。

裁判をすれば膨大な作業が待っています。弁護士は仕事として行いますが、こちらは日中他の仕事をもちながら、弁護士の設定する無理な締切りに従って作業せねばならず、睡眠不足の日々が長く続きました。彼らは休暇や夏休みをとりましたが、私にはそんなものはありませんでした。

その結果、膨大な資料が残りました。それらを使って、私が原告となって提起した裁判の推移とその結果を書き記します。準備していたけれども諸状況から提訴できなかったものもありました。それらにも大変興味深い内容や経緯がありましたが、実際に提訴し、訴訟番号（事件記録符号）があるものだけ7件を記すことにします。すべての裁判結果に守秘義務条項を付けていませんので、裁判所に行き、訴訟番号を示せばすべての資料が読めるはずです。その中でも、長期間にわたり、私を最も苦しめたのは⑷の「監査費用弁済請求訴訟」でした。それでは、裁判経緯をみていきます。

（1）２００９年3月18日　平成21年（ヨ）第２００２９号　仮処分命令申立（A法律事務所による提訴）↓
同年3月24日取下げ

会社は、さまざまな経営陣の違法行為を株主に示そうとする私の監査報告書を株主総会招集通知書に記載せず、私の辞任を求めて執拗な恫喝行為を繰り返しました。私は監査役職責の重さを認識していましたので、辞めませんでした。定時株主総会を前にして、会社による私の解任議案提出がはっきりしてきたため、その違法行為を止めるために仮処分命令申立となりました。審尋（小部屋で裁判長を挟んで原告側・被告側が並び、裁判長から質疑が行われる）は、普通1回で終わるところですが、合計3回も行われ、また担当裁判官も最初は若い人でしたが、2回目から年長の人が加わりました。3連休中に裁判官が当方資料を読み込み、裁判所が重大事件と認識したためとの当方弁護士の説明でした。被告側社長が、当方のA弁護士に暴言を吐くという珍事もあり、会社は2回目から社長を出席させませんでした。

裁判所による「決定」が出れば、会社の違法行為を世間に示せたはずでしたが、裁判長の必死の説得に応じ、会社が議案提出を止めることに同意し、当方は申し立てを取り下げて終わりました。あれだけの膨大な文書を作成し、証拠を提出して、こういう形で終わるなど、スカのような提訴でした。この少し前にあった春日電機訴訟において、裁判所の決定により結局同社は上場廃止になりました。株主や従業員にとって幸せな結果とならず、裁判所が批判されたとのことでした。当方弁護士の説明によると「裁判官も人の子だから批判されたくはなく、それが今回の熱心な説得につながった」とのことでした。

その後、会社は、「解任決議案提出に関して手続的不備を理由に監査役により提訴されたが、無用な疑義を差し挟まれることなく、株主の皆様にご判断いただきたいとの判断から議案提出を止めることにした」と、まったく嘘の開示を行いました。そして私は監査役を続ける結果となりました。

私は、この時点で辞任するという選択肢もありました。しかし、A弁護士は、「このままで終わらせてはいけない、こんな経営陣を居座らせてはいけない。最後までともに闘おう」と仰いました。複数の友人や先輩から、職やポストを用意するからもう止めろとの暖かい助言もありましたが、私は非常に辛い思いをしつつ友人たちからの申し出を断りました。

（2）2009年6月4日　平成21年（ワ）18592号　株主総会決議取消請求訴訟（A法律事務所による提訴）→同年11月17日却下

①株主総会決議取消請求を提訴、会社は臨時株主総会開催を決定

3月の定時株主総会における「役員の選任」「監査役の選任」「計算書類の承認」の決議取消を求めて、6月に提訴しました。それに対して、会社は臨時株主総会開催を決定しました。会社の息のかかったある株主に監査役解任の株主提案を行わせましたが、当方が同人の提案資格を内容証明郵便で問うたところ、会社提案に切り替えて解任議案を提出してきました。私は、彼らがどんな手段を使ってでも解任を成立させることを知っていました。何度もA法律事務所にその旨伝え、また具体的法令違反での提訴を求めましたが、耳を貸してもらえませんでした。「どうして弁護士たちはわかってくれないのだ！」と叫び、深夜に起き上がって精魂込めた丁寧な長文メールを弁護士たちに向けて発信しましたが、結局だめでした。解任された場合の手立ては十分考えてあるとして、私を黙らせました。

②弁護士要請による活動

会社は、自社ホームページや、ヤフー掲示板、2チャンネル等ネット上で私の誹謗中傷を繰り返しました。こちらには、それらが事実でないことを表明する場がありません。A法律事務所は「臨時総会で勝つため」として、躊躇する私を説得し、記者会見を行い、いくつものマスコミ取材を受け、ホームページを開き、音声を流すことまでさせました。今もネット上にはさまざまな痕跡が残っています。

当然、私は勝っても負けても、企業社会から抹殺されることを覚悟しました。たとえ正しいことを行ったと認めたとしても、「物言う監査役」としてネット上で騒がれた人物を採用しようとする程の日本の企業社会でないことぐらいは承知しています。

③毎月の取締役会・監査役会に出席

２００９年2月に違法にも常勤からは引きずり下ろされていましたが、解任はされませんでしたので、提訴した6月時点では、毎月、同社の取締役会・監査役会に出席していました。会社側は、私にライトを当て、ビデオ撮影を行い、目の前にＩＣレコーダーを置いて録音しました。相手は取締役・監査役・執行役員に加え、新たに採用した体格の良い総務部長を私の横に座らせ、顧問弁護士も同席しましたので、10名を超えていました。当方は私一人です。いろいろな挑発を行い、私の失言を記録しようとしていましたが、私は常に冷静に対処しました。辛いのは当然であり、それを当方の弁護士に伝えましたが、笑って「そのうちにかたきをとってあげるから、しばらく我慢してください」というだけでした。

④監査役を解任され、提訴は棄却される

結局、解任という結果になって、弁護士たちはあっけにとられていました。私は、臨時総会前に主任弁護士に私が株主になることについて相談しましたが、同弁護士はそれを否定しました。そのように指示したことを忘れ、「今後は株主としてどう闘うかですね」などというので、大変驚きました。

解任された当初は「これからが勝負」といっておられましたが、11月になると提訴の取下げをさかんに説得してきました。私は、他の弁護士の助言も得ながら、これを拒否しました。

同年12月8日に「解任され原告適格を失った」として提訴はあっさり却下されました。判決をみて明確になったのは、私が株主であれば裁判が続いたはずだったということでした。また解任に当たっての総会の成立や表決数について、私の就任以前の総会における不正疑惑を知っている私は検査役を置くことを提案しました。しかし、弁護士は、検査役を置く必要はないし困難であるといいました。また解任となった場合には、必ず表決数のチェックをするといっていましたが、結局それもしないで終わりました。約束を果たす様お願いしましたが、無視されました。控訴という選択もあり得たはずですが、同法律事務所は原告である私の意思を確認することもしませんでした。

（3）2009年7月10日　平成21年（ヨ）20069号　費用弁済金仮払仮処分命令申立（A法律事務所による提訴）→同年9月25日却下

今後監査役が動きやすくするためとして、525万円の監査費用（弁護士費用）前払いを求める仮処分を申し立てました。私は、本当に勝てるのか疑問でしたが、弁護士たちは常のごとく「今後のコーポレートガバナンス・監査役制度のために」といい、「高度な法律論争だから素人の口出しは要らない」として私の意見など聞こうとはしませんでした。私の収入・家計状況についての陳述書や資料まで作成して提出させられ、きわめて不愉快でした。しかし、今後の監査役制度のためになるのであれば、と思って対応しました。

毎回、役員会に出ていた会社顧問弁護士からは、「本来こんな訴訟をやりたいと思ったわけではないでしょう」といわれ、その点は当たっていました。

当方の弁護士は被告から激しく抵抗され徹底的な証拠提出を要求されて焦っていました。私が厳しい口調で主任弁護士から叱りつけられることもありました。私の確認なしに弁護士作成の書面が提出されることもありました。結局9月25日に「当該金員の仮払いがなければ日常生活ができない程度に困窮しているとの疎明が十分になされていない」として、あっさり却下されて終わりました。私にとってはまったく無駄で無用な訴訟でした。会社のホームページにもその旨開示されて、株主への私の印象を悪くしただけでした。私にとってはまったく無駄で無用な訴訟でした。会社法388条には、「当該監査役設置会社は、当該請求に係る費用又は債務が当該監査役の職務の執行に必要でないことを証明した場合を除き、これを拒むことができない」とあり、その一項目に「費用の前払の請求」とあります。これを捉えて弁護士たちは「高度の法律論争であり、100%勝てる」といっていたのですが、私の常識的判断の方が当たったのでした。

(4) 2009年6月19日 平成21年(ワ)20891号 監査費用弁済請求訴訟(A法律事務所による提訴→B法律事務所に移管)→2013年4月4日和解

600万円が被告から法律事務所に支払われました。4年近くを費やしました。

①会社法388条に基づく弁護士費用請求訴訟

会社法388条に則って、監査役代理人としての弁護士費用(2009年2月~3月分、約1514万円)を、A法律事務所から会社に請求しましたが、300万円のみ支払うとの回答であったため、提訴に至ったものです。会社法388条は知っていましたが、この会社が払うことはあり得ないので、自分で払うつもりでした。これは、2009年1月のA弁護士宛の最初の相談の手紙にも書き、初めて事務所を訪問した日にも伝えました。しかし、同法律事務所は「監査役費用は会社が負担するべきものであって、監査役自身が払うものではない」として、払わせていただけませんでした。そして私が本来やりたくもない訴訟の原告になったのですが、かなり複雑な気持ちでした。

②取締役会・監査役会で罵倒を受ける

同社の取締役会・監査役会に出席していましたので、その場において、取締役および監査役から「お前、正気か!」「弁護士費用1514万円がまともな数字だと思うのか!」などと罵倒され続ける材料となりました。当方が裁判所に提出した書類はすべて相手の手に渡るのです。訴状に当方弁護士が書いた文章を示して「監査役費用は青天井に認められるなど、常識的に考えてどう思うのか?」と問われると、辛いものがありました。私も、青天井に認められるなどとは思っていなかったからです。

請求金額も一般人の感覚からすれば大きいと思いましたが、プロの相場というのはそういうものかと思うしかありませんでした。

10月9日に解任された後、翌2010年3月と10月にA法律事務所から未請求部分の増額が裁判所に申し立てられ、最終的に合計4066万円となりました。

③A法律事務所が「和解」を言い出す

最後の増額請求の直後に、A法律事務所は「和解」を言い出しました。所長であるA弁護士自身が熱心に説得のメールを送ってきました。その意を受けた若手弁護士からは何度も電話で長時間説得されました。その若手弁護士は最後には私のいうことを十分理解し共感してくれました。私は和解するべきでないとする支援者たちの意見もいただきながら、断固として判決を得ることにこだわりました。和解しては、388条について裁判所が何をどう判断したのかわからないし、訴えの中で述べてきた同社の違法行為が有耶無耶になるからです。

しかし、今度はA弁護士が私宛の費用請求権を放棄すると言い出しました。契約書上の支払人は私ですから、私への請求を止めればすべてが終わるということです。もう終わりかと思いました。それでも交渉を続けていたところが突然「依頼者の意向を無視しようとしたのが間違っていた」としてB法律事務所の所長であるB弁護士への委任の提案がなされ、私は同意しました。B弁護士も受任してくださいました。

④B法律事務所とともに苦しい作業を続ける

2010年11月に何とか移管作業が終わり、裁判所とB法律事務所のコンタクトが始まりました。このときに担当していた裁判官は「原告が希望しているのなら、判決文を書くことに汗をかきましょう」といってくださったとのことでした。しかし、「2009年3月迄の費用についてはどういう弁護士活動を行ったのかについての詳細な説明があるが、それ以降についてはなく、このままでは審理を進めるのは難しい」と同裁判官は判断しているとのことでした。

その後、裁判官から「A法律事務所の諸活動が、費用を会社に請求するに足る内容であったことを証明するための資料」の作成を求められ、大変な作業を強いられました。A法律事務所の活動の妥当性を、同法律事務所の協力なしに、私とB法律事務所で証明するのですから至難の業です。作業は難航し、夜中に途方に暮れることもありました。監査役は真に危機的な状況の下でなければ弁護士に相談を持ちかけてはいけないし、それを証明できなければ会社への費用請求はできない、と思わざるを得ませんでした。388条は何のためにあるのでしょうか。しかも、会社側には、こちらが内輪揉めしていることを覚られるわけにはいきませんでした。まさに、周りは敵だらけという感じでした。B法律事務所の弁護士たちとわずかな支援者に支えられてかろうじて生きているという状況でした。

費用の金額については、一部が請求の根拠に乏しいとしてB弁護士が裁判所に減縮を申し立て、最終的に3192万円となりました。ここにも、さまざまな議論や混乱もありました。

⑤A弁護士による再度の和解の強要

移管後、1年4ヵ月にわたりさまざまな苦労を重ねましたが、2012年2月にA弁護士が再度「和解」するよう求めてきました。「それが無理なら費用の請求権を放棄する」との期限を示した大変強硬な申し入れでした。A弁護士によれば、本件に関与した弁護士たち全員と協議した上でのことでしたので、私は担当した弁護士たちに個別にメールして、「それがコーポレートガバナンスを語る弁護士として正しい行為なのでしょうか」と問いました。「古川さんの姿勢には大変感銘を受けます。勉強になります」といっていた若手弁護士たちでしたが、1人から「本件は代表弁護士でありますAの専担事項としておりますため、ご理解いただきたい」との返信がきただけでした。同事務所内には、当初より幹部弁護士のやり方に批判的な声もあったのですが、結局、皆が黙ったのでした。

A弁護士は、「裁判所のいうとおりに証拠提出したり、その結果判決で減額されたりしたら、企業弁護士が一般的に行っているタイムチャージが否定されたことになる。弁護士が働いた時間に応じて企業に費用請求すればそのとおり支払われるという慣行の否定につながり、ひいては、企業弁護士界において、同法律事務所の評判が悪くなる」と判断したとのことでした。企業と顧問弁護士の間でタイムチャージについて合意されているならそれでもいいでしょう。しかし、一般常識としては、費用請求には明細が必要だし、ましてや、その後裁判を展開するつもりなら明確な証拠を準備しておくことは当然でしょう。「証拠として明細を出せという裁判官が間違っている」とは私には思えませんでした。

⑥私が原告になった理由

私は、結果的に自分の意に沿わない監査費用訴訟の原告になりました。本訴訟は、会社法388条があるとはいえ、判例がないこともあり、素人考えとしては大変困難な裁判になると思いました。しかし、弁護士たちが準備を整え、「今後の監査役の活動のためにやっておかねばならない訴訟です」「当法律事務所の総意です」「最後まで闘い抜きましょう」といい、私に原告となるようにと頭を下げられました。

同時に、A弁護士を信頼したからでした。当時の「J-SOX騒ぎ」に疑問を抱いていた私は同氏の書いた内部統制に関する本に共感していました。A弁護士は私と契約書を交わした後にご自分のブログにこう書かれていました。

「一昨年ある本を出版した。その本を読んだ方が、この本に感動して、自分の人生を賭けた行動を起こしている。何回かお話を伺ったが、自分の社会的役割を果たそうと本気になっている。

青年の情熱をもって、自分の存在意義を求めて行動を開始している。相談を受けた当初、やろうとしていることの社会的意義の高さは理解できた。ただ、相談者にとって、損はしても、まったく利益にならない内容なのである。つまり、社会的意義ある行動だが、相談者は犠牲を払う内容なのである。

このような人たちは、少数派であり、当初は異端視されるだろう。自分の利益を考えず、社会の利益を優先するのだから、変わり者である。しかし、それは時代の流れに適応するものだから、いずれ、評価されることになる。自分を守るため、何もしなかった人生よりも、後悔は少ないだろう。自分の書いた本に触発されて1人が勇気ある行動をとる。

この波紋が、私たち弁護士を動かし、ある企業に波紋を広げる。その波紋が報道等を通して、社会的波紋として拡大する。その結果、同種の社会的意義ある行動をとる人たちが増えてくる。自分の書いた本の影響に驚きつつ、その本の社会的波紋の広がりを注視したい。

それを本として出版し、セミナーで講義したいと思っている。1人の読者の行動から、著者である私が勇気を与えられた気がする。本当に、ありがたいことである。

あるいは、下記のようなことをしばしば語り、またメールで送ってこられました。

「私どもが行うのは、プロの弁護士としてのことなので、その行動に法的責任や社会的非難があった場合には、甘んじてそれを受ける覚悟はできている。その最終的責任は、受任した私が負うものと思っている。そうでなければ、到底、プロとはいえないので、どうか、私どものことは考えず、自分の信念を貫いていただきたい。本件は、担当の弁護士に辛い業務という面があることは否定できないが、社会に非常に役立つことをやっていることは認識できているし、この辛さが弁護士としての背骨を作るものと思う。その意味で、素晴らしい仕事を古川さんから頂戴してと感謝している。最後まで、当法律事務所は、腰を引くことなく、古川さんの監査役としての立場を支援する。」

しかし、手のひらを返したような和解の強要でした。最後までともに闘ってくださっていれば、結果がどうであれ、私はA弁護士に終世感謝し、尊敬し続けたことでしょう。

⑦断腸の思いで和解

その後も、1年間すったもんだしました。その間に「弁護士費用の証拠を求めるような裁判長の下で判決をもらうことはよくない」とA弁護士がいった裁判長は交代しましたが、A弁護士の和解強要姿勢は変わりませんでした。前裁判長は「判決を書くことに汗をかきましょう」といってくれましたが、後任は「和解」を勧める人でした。裁判所の求める証拠提出に、A弁護士の協力なしに全力を尽くしたB法律事務所の弁護士達と私でした。しかし、これ以上は無理と判断した所長のB弁護士が「もういいでしょう。お互い十二分に闘いました」と仰るので、これ以上の無理をお願いできないと考え、断腸の思いで和解の方向に進みました。事ここに至っては、和解しなければA弁護士が請求権の放棄を行い、裁判そのものがなかったことになります。会社法388条の有効性がまったく示せなくなり、不正な会社経営陣を喜ばせるだけですから、もう選択の余地はありませんでした。

和解文書は、「被告は請求金額3129万円の支払義務を負担したことは認めた」（つまり「支払義務を負った」）が、「和解金額は600万円」となりました。私自身は、この訴訟を通じて私の監査役としての活動、および、弁護士の活動の正当性が認められ、ひいては会社法388条が有効であることを示すことを願っていたのですから、最終的に金額がいくらになろうとあまり興味はありませんでした。

そもそも、この費用訴訟を、私の監査役報酬を求めての訴訟と思っている人たちも少なくなかったので、私としては何重にも苦しい訴訟でした。

⑧清算条項と守秘義務条項

問題は、和解内容における清算条項と、守秘義務条項についてでした。

清算条項とは、「和解によって決定された請求権以外の一切の請求権が、お互いに生じないことを確認する文言」です。結果的には、清算条項の対象をこの監査費用請求に限定しました。つまり、他の分野での訴訟を起こす権利は残したわけです。

また、最もこだわったのは、他の訴訟においても同様でしたが、「一切の守秘義務条項を付けない」ことでした。もし付けていれば、冊子『監査役の覚悟』も出なかったし、この本も存在しなかったのです。被告はすべてを金で解決しようとしましたが、それは拒否しました。なぜなら、この本のように後日、私の辛い闘いを検証してくださり、監査役制度に魂が入る日が来ることを願ったからです。また悩める監査役さんの何人かでも、私の闘いを参考にしてくださり、お役に立てればと思ったからです。

この時点では、すでに2012年6月1日の謝罪広告等請求事件の和解（後述）により不当解任が明らかになっていました。未払いの監査役報酬を求めての提訴もできたのですが、それはしませんでした。支援者の間で議論もありましたが、一言でいえば、それは結局自分のお金のためであり、意気に感じるものがなかったからです。

（5）2009年12月4日　平成21年（モ）第4050号　証拠保全申立1回目（B法律事務所による提訴）→疎明不十分とされ12月8日取下げ

B法律事務所は、数名の弁護士と事務員で会社に赴き、議決権行使書面等の閲覧謄写請求を行いましたが、受付の所で数時間待たされた挙句に拒否されました。

私を解任することに成功した臨時株主総会の効力を維持するために、経営陣が議決権行使書面等を改ざんまたは廃棄する可能性が高いことから、この証拠保全を申し立てました。しかし、B弁護士たちの裁判官面接において担当裁判官は、「申立人代理人が主張する議決権行使書面等の改ざんないし廃棄のおそれは、あくまで申立人側の推測の域を出ず、証拠保全の決定を出すに足りる疎明としては不十分である」との指摘を行ったため、この申立は取り下げざるを得ませんでした。

（6）2010年1月6日　平成21年（モ）第20号　証拠保全申立2回目（B法律事務所による提訴）→未だ疎明不十分との心証開示→1月8日取下げ

B法律事務所は、個別株主通知の手続きを経た上で、再度数名で同社に赴き、会社法311条4項および312条5項に基づく議決権行使書面等の閲覧・謄写請求を行いました。しかし、前回と同じく数時間待つことを余儀なくされ疑念をもつ結果となりました。

これを受けて、再度証拠保全手続を申し立てました。しかし、翌日の弁護士の裁判官面接において、裁判官より、「実質的に閲覧謄写を拒絶したといっても、その理由は述べており、改ざん廃棄のおそれを直ちに示すものではないから、証拠保全の決定を出すに足りる疎明は十分でない」との心証が開示され、第2回目の証拠保全申立も取り下げざるを得ませんでした。

証拠保全さえ認めていただけないなら、裁判などできないというのが、一般人としての感想です。

（7）2010年3月16日　平成22年（ワ）第9865号　謝罪広告等請求事件（B法律事務所による提訴）→2012年6月1日和解

準備段階も含めれば3年間のさまざまな推移を経た後の「全面的な謝罪」を受けて和解しました。

①名誉毀損に関する謝罪広告等請求訴訟を提起

私は、元々、名誉毀損や損害賠償等の私的問題について裁判を起こす気はありませんでした。あくまでも監査役としての公的立場からどう対処すればよいかのみを考えていました。しかし、A法律事務所、および、同法律事務所から2009年5月に紹介されたB法律事務所が、ともに、公的訴訟の支援材料になるし、証拠は揃っているから圧勝だと仰るので始めました。

実に多くの作業や弁護士との打合わせを行い、裁判所における尋問（法廷）も実施されました。民事裁判は通常、準備書面と呼ばれる書類や証拠のやり取りにより行われ、通常の法廷は開かれません。しかし、先方のいうことに多くの疑念をもった裁判長が、法廷で原告と被告に直接尋問をするという異例の展開となりました。そこでは、社長が当方のB弁護士に「まず言っときますがね、私は犯罪人ではない！（B弁護士を指差して）あなたは失礼だ！」等の、暴言を吐き、裁判長からたしなめられる場面が何回かありました。取締役たちの証言は嘘で塗り固められており、当方が提出していた明確な証拠との矛盾が露呈しました。

②和解へ

私は、この裁判を通じて会社の違法行為を明らかにし、また私が監査役職責を果たしたことを明らかにするつもりでしたので、判決を求めました。しかし、常の如く裁判所は和解を強く勧告しました。費用訴訟が同時進行しており、私はそちらでは絶対に判決を得るつもりでした。そこで、弁護士数名で運営しているB法律事務所の力を、できるだけ費用訴訟に結集していただくために、最終的に和解に応じることにしました。

２００９年秋に和解協議に入ってからは、何度も裁判所に足を運びました。被告は顧問弁護士に任せっきりで、われわれがその場で判断し回答しても顧問弁護士は持ち帰って相談、そして次回期日の場でも「まだ結論が出ていない」等の不誠実な対応が続きました。会社側は、和解すれば、謝罪文を新聞紙上と同社ホームページに掲載しなければなりません。それを3月の株主総会後にするために、さまざまな対応により和解を遅延させたのでした。謝罪文言も、明確性を欠く文章にしようとする意図が明らかであり、何度も修正を繰り返しました。

③会社による全面的な謝罪

結果的に、被告側の主張が嘘であり、会社のいう私の任務懈怠は一切なかったし、むしろさまざまな恫喝行為に遭いながらも任務を誠実に果たしたことにより解任されたことが明らかとなりました。そして、会社ホームページ上の嘘の記述を含む文章すべての削除、『日経新聞』と「会社ホームページ」への謝罪文掲載という異例の措置となった次第です。

２０１２年6月21日に下記の文書が同社ホームページに掲載されました。

「当社元監査役古川孝宏氏に対するお詫び

当社が公表した平成21年3月24日付け『株主総会議案の一部取下げに関するお知らせ』、同年7月15日付『株主総会決議取消訴訟の対応方針に関するお知らせ』、同年8月3日付『株主提案権の行使に関するお知らせ』、同年8月17日付『株主提案に対する意見表明のお知らせ』、及び同年9月18日付け『臨時株主総会招集ご通知』添付の『株主総会参考書類』、『監査役会の監査報告の付記意見に対する当社取締役会の見解』の記載上、当社監査役であった古川孝宏氏（以下「古川氏」とします）につき、任務を解怠していたと記載するなど、古川氏の名誉を毀損する表現がございました。

また、平成21年8月29日付日本経済新聞朝刊人事欄に、古川氏が同年10月9日をもって退任する旨が記載されましたが、同時点では古川氏は監査役を退任しておらず、同記載は事実に反する記事でした。

当社は、上記各記載事項を撤回し、当社ホームページにおける関連記事を削除するとともに、古川氏の名誉を毀損したことにつき、謹んでお詫び申し上げます。」

④高桑幸一氏によるメール発信

和解が成立し、『日経新聞』への謝罪広告掲載直前の2012年6月19日に高桑さんから支援者・関係者に向けて発信されたメール文章です。そのときの私の気持ちを表現して下さっていますので掲載させていただきます。

「トライアイズ社元監査役古川氏の名誉回復について

日本経済新聞及びトライアイズ社のホームページに、元監査役古川孝宏氏の名誉を毀損する表現について陳謝する広告が6月21日に掲載される事になりましたのでお知らせします。

古川氏は、監査報告に「取締役の職務の執行には不正な行為、法令及び定款違反の重大な事実があると考えております。……」との個別意見を付記することを監査役会・取締役会に申し入れましたが、記載されずに株主総会が開催されました。

その時の解任理由は「監査役としての職務を十分全うしているとはいえないため」という事でしたが、今回の謝罪広告で「任務懈怠はなかった」と認めたわけですから、解任は不当だったということになります。

監査役として適切な行動を行っていたにもかかわらず「会社の問題点を指摘する監査報告付記意見を出す監査役は解任する」という事でしたら、企業の健全な発展を目的とする会社法をないがしろにするものです。

会社法の改正について監査役の権限強化などについて議論されていますが、現在の権限すら行使出来ないようでは、強化によって法律と実態がますます乖離していく懸念があります。

今回の謝罪広告は、経営者と対峙してでも会社の健全な発展のために物申したことに対して、任務懈怠はなく適切に監査活動を行っていた、と裁判所が認めた結果であり、監査のあり方に関する大きな意味合いを持つものだと思います。

古川氏は、あくまでも監査役としての公的立場からどう対処すればよいかについて弁護士に相談した結果、公的訴訟を支援する裁判になると説得されて当初念頭にもなかった名誉毀損や損害賠償等の私的問題について裁判を起こす事になり、現在に至ったと聞いております。

ぜひこの謝罪広告をみていただき、古川氏の行動を今後の企業ガバナンスの向上に少しでも活かして頂けたらと期待し、大変僭越とは思いましたが、お知らせさせて頂きました。

なお、古川氏とトライアイズ社は、監査費用請求に関する裁判が係属中ですが、会社法で認められた監査役の権限が法廷においても認められ、日本企業のガバナンスが向上することを祈念しております。」

最後までお読みいただき、ありがとうございました。

あとがき

この本は、日本で独自に発展した監査役制度について、複数の現役の監査役と元監査役、弁護士、新聞記者がそれぞれの立場で正面から向き合い、驚き、悩み、苦しみ、省みて考察したことを率直に書いたものです。一読された方は、これまでに出版されたような監査役の指南書や解説本とずいぶん違う印象をもたれたかもしれません。おそらくその理由は、生身の人間としての葛藤が随所に出ているためだと思います。

今回の出版のきっかけは、２０１３年９月に高桑幸一氏が自費でつくった小冊子『監査役の覚悟』です。本書のタイトルもここからとりました。

第1部はこれを大幅に修正したものです。古川孝宏氏の監査役としての経験を物語風にまとめ、「あなたならどうする」と①、②、③の選択肢も加えました。シミュレーションゲームのようですが、内容はいずれも深刻です。そして現実です。

第2部は、古川氏を支援した人や関係した人たちが、監査役や制度についてそれぞれの経験から感じとったことについて、視点を変えて書きました。

第1章は、私が担当し、監査役制度をこの十数年、取材してきたことを記しています。経済部に所属する記者でも監査役に関心は低く、会計監査人との違いがわからない若手記者もいるほどです。でも、監査役はコーポレート・ガバナンスの要です。今の日本企業の相次ぐ不祥事と業績低迷から脱する鍵をにぎっていると思います。

新興企業のガバナンスの実態を掘り下げた第2章では、日本企業の実情を等身大に描くことに腐心しています。これまでにはなかった試みで、最も筆力が問われる章です。本書を手にとっていただいた人の共感を呼ぶのかもしれません。現場にいたからこそ書ける一級のルポともいえます。

第3章は、監査役の「1丁目1番地」ともいえる経営者（社長）との関係について、本音ベースで切り込んでいます。日本企業のことを熟知し、分析能力のある筆者がその力を存分に出してくれました。伊藤忠商事の丹羽宇一郎社長（当時）とのやりとりは、日本企業の模範とすべきことだと思います。

第4章は、東芝事件とコーポレートガバナンス・コードという企業法務における旬のテーマを解説しています。古川氏の体験が決して特異なことではなく、教訓にすべきであることを強調し、「地道に取り組むしか監査機能の再生はない」との結論に導きます。株主総会におけるOBとしての役割についても触れています。

第5章は、司法界で注目されそうです。古川元監査役のケースでは、会社法上で初めての実務として出てきた事象が多く、貴重な手引きとなりそうです。弁護士なくして会社法が動かないことがよくわかります。弁護士のタイムチャージ制についてもふれており、弁護士を利用する側にとっても有益な情報です。

圧巻は第3部と特別寄稿です。当初、第3部は資料編として考えていました。高桑、古川両氏のやりとりが興味深く、この事案や制度の理解が進みます。同時に対談だけでは、まだまだ消化不良の感じがあり、筆者間で話し合った結果、古川氏本人に寄稿を依頼し、読者のために補強することになりました。いわば一次資料で、最も価値のあるところかもしれません。

本書の構成にあたり、同文舘出版の青柳裕之氏には的確な助言を数多くいただきました。これまで企業法務や会計監査にたくさんの本をてがけてきただけに、指摘はいずれも納得のいくことばかりでした。このような知識と意欲のある担当者がいて初めて、一冊の本がタイムリーに世の中に出ることをあらためて認識しました。

同文舘出版は今年4月で120年を迎えました。このタイミングで監査役制度のあり方を考える本を出版できたことは意義深いことだと思います。活字媒体は新聞を含め、厳しい経営環境に置かれていますが、その役割が衰えることはないと確信しています。

最後に私ごとで恐縮ですが、2014年9月、新聞記者として東日本大震災の最大の被災地となった宮城県石巻市に赴きました。母、妻、長女を亡くしても懸命に働き続ける石巻市職員、小学生ら3人の子どもを亡くしながらも自らボランティア活動をする夫婦、74人の児童の命が一瞬に消えた大川小で真相を追い求める遺族たち……。不条理と格闘するたくさんの人に出会いました。人間はどんな環境でも生きていかなければなりません。大の親友のカキ漁師が目の前で流されたノリ漁師がこんなことを話してくれました。「いずれ、俺もあの世に行く。そのとき、あいつに会って『お前の分も頑張ってきたぞ!』と言おうと思うんだ」。今は生まれ変わったように働いています。世の中にはいろいろな「覚悟」があります。被災地の人たちはいずれも、「覚悟」をもって生きています。

2016年6月

執筆者を代表して

加藤　裕則

【著者紹介】（執筆順）　※肩書は2016年６月20日初版発行時

高桑　幸一（たかくわ　こういち）〔編者・第１部・第３部〕

北陸電力株式会社常勤監査役（2016年６月まで）

変電、配電、水力、系統、企画部門、関係会社社長、常務取締役原子力本部副本部長を経て現職。2016年６月退任後、川田テクノロジーズ株式会社社外取締役に就任予定。

ブログ「新米監査役のつぶやき」管理人。

富山ユネスコ協会会長。富山県セーリング連盟理事長。美しい富山湾クラブ事務局長。

加藤　裕則（かとう　ひろのり）〔編者・第２部第１章〕

朝日新聞社記者

朝日新聞社に入社後、静岡、富山、さいたま（当時は浦和）各支局を経て1999年に東京本社経済部。その後、名古屋、大阪でも経済部員で取材活動にあたった。2014年９月から宮城県の石巻支局員。通産省（現経産省）、鉄鋼業、自動車産業、航空、金融市場などを担当。

青井　太郎（あおい　たろう）〔第２部第２章〕

上場製造業の常勤監査役

東証一部上場のサービス業に入社し、営業・企画畑を主に歩く。定年後は監査役として第二の人生をスタート、さまざまな業種の新興企業監査役を歴任して、現職。

別府　正之助（べっぷ　しょうのすけ）〔第２部第３章〕

伊藤忠商事株式会社理事、ぺんてる株式会社およびメビオール株式会社監査役、Tokyo International School監事。米国公認会計士（US-CPA），公認内部監査人（CIA）。

伊藤忠商事株式会社では、海外勤務13年（NY、ロンドン）、業務部長代行、監査部長などを経て常勤監査役就任。その後、日本道路公団参与・業務改革本部長、分割・民営化後の中日本高速道路株式会社常務取締役、常勤監査役を歴任。

板垣　隆夫（いたがき　たかお）〔第２部第４章〕

一般社団法人 監査懇話会・理事、日本経営倫理学会会員。

住友化学株式会社内部監査部長、日本オキシラン株式会社常勤監査役などを経て現職。

監査懇話会HPに「監査役いたさんのオピニオン」掲載（http://kansakonwakai.com/）。

高須　和之（たかす　かずゆき）〔第２部第５章〕

ケルビム法律事務所所長、高須和之税理士事務所所長、弁護士・税理士。

公益社団法人医業経営コンサルタント協会理事、一般社団法人日本中小企業経営支援専門家協会理事。

〈特別寄稿〉

古川　孝宏（ふるかわ　たかひろ）

ミャンマーの人道支援活動を行う特定非営利活動法人 メコン総合研究所主席研究員。

1976年東京銀行（現在の三菱東京UFJ銀行）入行。海外勤務13年（香港、ミャンマー）。マニー・ヤンゴン社長、株式会社トライアイズ常勤監査役を経て、現職。一般社団法人監査懇話会委員。

2016年６月20日　初 版 発 行
2023年11月10日　初版６刷発行

略称：監査役覚悟

監査役の覚悟

編 著 者　高 桑 幸 一
　　　　　加 藤 裕 則

発 行 者　中 島 豊 彦

発行所　同 文 舘 出 版 株 式 会 社
東京都千代田区神田神保町１-41　〒101-0051
営業 (03) 3294-1801　編集(03)3294-1803
振替 00100-8-42935　https://www.dobunkan.co.jp

Printed in Japan 2016
製版：一企画
印刷・製本：三美印刷

ISBN978-4-495-20461-7